POÉSIES COMPLÈTES

DE

ARSÈNE HOUSSAYE

LES SENTIERS PERDUS
CÉCILE. — SYLVIA. — NINON
LA POÉSIE DANS LES BOIS
POEMES ANTIQUES
FRESQUES ET BAS-RELIEFS
TABLEAUX ET PASTELS

PARIS

CHARPENTIER, LIBRAIRE-ÉDITEUR

17, RUE DE LILLE

MDCCCL

POÉSIES COMPLÈTES

DE

ARSÈNE HOUSSAYE

ARSÈNE HOUSSAYE

PORTRAITS DU XVIIIe SIÈCLE. 2 séries à . .   3 fr. 50 c.

ROMANS, CONTES ET VOYAGES. 2 séries à . .   3 fr. 50 c.

HISTOIRE DE LA PEINTURE FLAMANDE ET HOLLANDAISE.
   1 vol. in-folio, avec 100 gravures. . . . . 300 fr.   »
— Édition en 2 vol. in-8. . . . . 10 fr.   »

VOYAGE A VENISE. 1 vol. . . . .   2 fr. 50 c.

HISTOIRE DU 41e FAUTEUIL DE L'ACADÉMIE (sous presse).

Imprimerie de GUSTAVE GRATIOT.

POÉSIES COMPLÈTES

DE

ARSÈNE HOUSSAYE

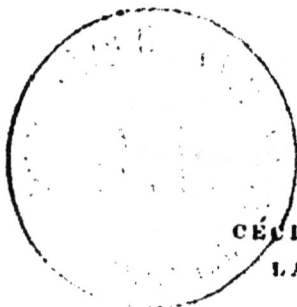

LES SENTIERS PERDUS
CÉCILE. — SYLVIA. — NINON
LA POÉSIE DANS LES BOIS
POEMES ANTIQUES
FRESQUES ET BAS-RELIEFS
TABLEAUX ET PASTELS

PARIS

CHARPENTIER, LIBRAIRE-ÉDITEUR

17, RUE DE LILLE

MDCCCL

A DIANE CHASSERESSE.

INVOCATION.

O fille de Latone! idéale habitante
Des halliers où jamais ne passent les hivers,
Blanche sœur d'Apollon à la lyre éclatante,
Diane aux flèches d'or, inspire-moi des vers.

Je les veux suivre encor, tes nymphes égarées,
Sous les bois ténébreux où se perdent tes pas,
A la chasse où toujours les biches effarées
T'implorent par leurs cris, mais ne t'arrêtent pas.

Si je te vois suspendre à la branche d'un arbre
Ton arc d'argent pour boire aux sources du rocher,
J'irai sur l'herbe en fleur baiser tes pieds de marbre,
Chasseresse à l'œil fier, que nul n'ose approcher!

1

Quand les Muses viendront, chevelures flottantes,
Chanter Phébus leur maître et Diane sa sœur,
Quand tu commanderas les danses haletantes,
Moi, je te parlerai tout bas du beau chasseur :

Plus altérée alors, tu boiras à la source,
Toi la vierge éternelle, insoumise à Vénus ;
Pour fuir dans les forêts tu reprendras la course,
Et permettras aux vents de baiser les seins nus.

LES SENTIERS PERDUS.

Et il allait tout enivré des joies et des tristesses de son cœur, sans savoir que c'était la poésie qui chantait en lui. Il allait, heureux de respirer sous l'aubépine amère et sous le pampre amoureux. Le beau temps! on ne sait pas où l'on va, car le sentier est si touffu! Si on ne voyait le ciel au travers des branches neigeuses, on croirait marcher dans le Paradis, avec ces deux filles du ciel qui vous conduisent par la main : la Muse qui aime et la Muse qui chante. Les sentiers perdus, c'est le paradis perdu.

CÉCILE.

LE RUISSEAU D'AMOUR.

J'allais pour cueillir l'ambroisie
Sous un gai rayon de printemps,
J'avais au front mes dix-huit ans
Et dans mon cœur la poésie.

Perdu dans quelque songe aimé,
Écoutant mon cœur en silence,
Je suivais avec nonchalance
Le clair ruisseau tout embaumé.

Les fleurs y penchaient leurs calices,
Les saules leurs cheveux flottants,
Et les papillons inconstants
Y venaient boire avec délices.

Au chant allangui des oiseaux
Les sylphes y trempaient leurs ailes
En poursuivant les demoiselles
Qui se cachaient dans les roseaux.

J'entendis un plus gai ramage
Qui m'annonçait un doux tableau;

1.

Soudain, dans le miroir de l'eau,
Je vis apparaître une image.

C'était la reine de mon cœur !
Cécile, la belle ingénue,
Sur l'autre rive était venue
Avec un sourire moqueur.

« Pourquoi venir par là, coquette ?
Je vais m'embarquer sur ce flot
Avec l'amour pour matelot,
Je suis bien sûr de la conquête. »

Mais elle, me tendant la main :
« Ah ! ne viens pas sur cette rive. »
Mais moi je m'embarque et j'arrive
Disant : « Tu passeras demain. »

Elle s'enfuit vers la ramée
Effarouchant dans les sillons
Les cigales et les grillons
Du pan de sa jupe embrumée.

Mais elle n'alla pas bien loin ;
Je la suivis vers sa retraite
Lui cueillant d'une main distraite
Des fleurs de trèfle et de sainfoin

Je la surpris. O Théocrite,
Doux poëte, rustique amant,

Sur sa lèvre as-tu vu comment
Ma première œuvre fut écrite?

SOUPIR.

La nuit avec amour se penche sur la terre;

Le ciel de juin s'enflamme à l'horizon
Et la rosée argente le gazon.

Tout arbre couvre un doux mystère!

Le vent d'est que j'entends au loin
M'apporte l'odeur du sainfoin.

Tout arbre couvre un doux mystère!

Les rossignols chantent l'amour en chœur;
Je vous attends! vous, l'âme de mon cœur :

La nuit avec amour se penche sur la terre!

LES VENDANGES.

Sur le soir, j'écoutais la rustique harmonie,
Je vis la vendangeuse en blanc corset de lin,
Qui, tout en me jetant son doux regard malin,
Coupait la grappe verte et la grappe jaunie.

De mon âme aussitôt toute idée est bannie.
«Vendangeuse aux yeux bleus, ton panier n'est pas plein,
Et voilà le soleil qui touche à son déclin :
Laisse-moi vendanger dans la vigne bénie ! »

Quel beau soir ! Tout riait et tout chantait en chœur,
Le bois et la prairie, et la vigne, et mon cœur !
La nature automnale était encore en fêtes.

Je vendangeai. La nuit je m'en allai chantant
Ce vieil et gai refrain que Voltaire aimait tant :
Adieu, paniers, adieu, les vendanges sont faites !

En Champagne.

LE VIOLON BRISÉ.

Voyez là-bas sur la montagne verte
Le vieux moulin qui tourne si gaiement;
L'amour, l'amour, comme un rêve charmant,
Il le berçait dans mon âme entr'ouverte.

Au vieux moulin j'avais un violon,
Écho plaintif des chants de ma maîtresse,
Lyre d'amour vibrante d'allégresse ;
Mais mon bonheur, hélas ! ne fut pas long.

Elle mourut! que de larmes amères!
Elle mourut au soleil du matin
En respirant la rosée et le thym :
Son âme au ciel emporta nos chimères.

Le lendemain, ses compagnes en deuil
Portaient son corps de neige au cimetière;
Moi, j'étais seul, sans larme et sans prière,
Dans le moulin comme au fond d'un cercueil.

Je le saisis violon triste et tendre,
Et le doux air que Cécile aimait tant,
Je le jouai, le cœur tout palpitant :
Son âme sainte a passé pour l'entendre.

Je le jouai; mais, au dernier accent
Mon cœur bondit comme un daim qui se blesse.
Je me perdis si loin dans ma tristesse,
Que je brisai mon violon gémissant.

Depuis ce jour, ma sœur la Poésie
A ranimé mon cœur à demi-mort;
Ma lèvre ardente à bien des grappes mord
Sans retrouver la première ambroisie.

J'ai délaissé le moulin, mon berceau,
Le doux pays où m'allaita ma mère;
Je suis allé me perdre en l'onde amère,
Sans retrouver la source du ruisseau.

Perle d'amour, à ce monde ravie,
Au fond des mers je t'ai cherchée en vain;

Et je n'ai plus de mon bonheur divin
Qu'un souvenir : c'est la fleur de ma vie.

Quand je retourne au moulin délaissé,
Ce n'est que joie et peine renaissantes.
Ah ! quand j'entends ses ailes frémissantes,
Mon pauvre cœur est un violon brisé !

AU MOIS DE MAI.

Pourquoi pleurer au mois de mai ?

Au mois de mai je vis ma belle,
Sous un marronnier en ombelle;

Je vis Cécile et je l'aimai.

Sa blanche main sur le rivage
Cueillait une rose sauvage.

Je vis Cécile et je l'aimai.

Mais vint la mort, la mort fatale !
Elle a fui la rive natale.

Et moi, je pleure au mois de mai.

PANTHÉISME.

Salut, Muse éplorée! Adieu, folles chansons!
La colombe au ravin s'envole à tire d'ailes.
L'oiselle ne vient plus chanter dans les buissons;
J'ai déjà vu partir les brunes hirondelles.

LE POETE.

Violettes embaumant le sentier du moulin
Où flottait le berceau de mes fraîches années,
Je ne vous trouve plus.

LES VIOLETTES.

Dans un corset de lin
Contre un sein palpitant l'Amour nous a fanées.

LE POETE.

O ruisseau qui baignais son petit pied charmant,
Bouvreuil qui me chantais quelque chanson touchante,
Vous ne dites plus rien.

LE BOUVREUIL ET LE RUISSEAU

C'est pour un autre amant
Que le ruisseau raconte et que le bouvreuil chante.

LE POETE.

Aubépine fleurie où je cueillais souvent
Un bouquet pour Cécile au beau temps de ma vie,
Qu'as-tu fait de ta fleur?

L'AUBÉPINE.

Hélas! un mauvais vent,
Le triste vent d'orage, un soir me l'a ravie.

LE POETE.

Mais toi, blonde Cécile, âme de mes vingt ans,

Belle moisson d'amour que je n'ai pas fauchée,
Cécile où donc es-tu ?

CÉCILE.

Mon ami, je t'attends
Dans le jardin amer où la mort m'a couchée.

Le poëte en pleurant penche un front abattu
Vers l'aube des moissons ; car qu'est-ce qu'une gerbe
Quand on cherche un bleuet ? — O poëte, où vas-tu ?
Dans le jardin amer il va cueillir de l'herbe.

LA VIEILLE CHANSON

QUE TOUT LE MONDE CHANTE

O ma jeunesse envolée,
Ma montagne où tant j'aimais,
Ma solitaire vallée !
J'ai tout perdu pour jamais.

Insensé ! j'ai fui ma mère ;
J'ai semé partout le deuil,
Pour gravir la roche amère
Où va se briser l'orgueil.

Ma vie est déjà fanée
Comme l'herbe du chemin ;

La jal..... destinée,
A voilé mon lendemain.

O ma sœur ! sur la colline
Nous n'allons plus, en rêvant,
Cueillir des branches d'épine
Et jeter des fleurs au vent !

J'avais une douce amie,
Mais la mort m'a laissé seul :
Ma belle s'est endormie
En riant dans un linceul.

LE SCEPTRE DU MONDE.

Qui donc sous le soleil a le sceptre du monde ?

— Croyez-m'en, la charrue est le sceptre sacré ;
Le laboureur est roi, le blé pousse à son gré...
— Que peut contre un orage ou ton champ ou ton pré ?

Qui donc sous le soleil a le sceptre du monde ?

— C'est moi qui suis le Roi par la grâce de Dieu.
— Mais vienne un mauvais vent, tu n'as ni feu ni lieu :
On t'exile, ton sceptre est un bâton. Adieu !

Qui donc sous le soleil a le sceptre du monde ?

2

Les guirlandes d'amour — se fanent dans la main,
L'orgueil — baisse le front au terme du chemin,
Les roses d'Apollon — n'ont pas de lendemain.

Ta bêche, ô fossoyeur ! est le sceptre du monde.

Dans un petit cimetière du Vermandois.

L'HERBE QUI GUÉRIT TOUT.

Une herbe est ici-bas qui guérit tous les maux :

Où fleurit-elle, en Égypte, en Espagne,
Dans mon pays, sous la vigne, en Champagne?

Fleurit-elle sous les rameaux,
Dans les bois ou dans les prairies ?
Dans le jardin des Tuileries
Ou sur le chaume des hameaux ?

Je l'ai cherchée en vain sur le rivage,
Dans le sentier, sous la roche sauvage...

L'herbe qui guérit tout fleurit sur les tombeaux.

SYLVIA.

LES CLEFS DU PARADIS.

Mon pauvre cœur, pourquoi pleurer sans cesse,
Et ne chanter qu'une triste chanson ?
Cécile est morte à peine en sa jeunesse :
Le cœur humain n'a-t-il qu'une saison ?

Après la nuit l'aurore insouciante
Au feu du ciel rallume ses flambeaux.
Après l'hiver la nature est riante :
Ne voit-on pas des fleurs sur les tombeaux ?

Mon pauvre cœur laissons-nous un peu vivre ;
Le ciel est bleu, la moisson est en fleur :
De ce vieux monde ouvrons encor le livre,
Et qu'un baiser boive ton dernier pleur.

Elle était blonde, il en est qui sont brunes.
Je ressaisis mon espoir éperdu :
Il faut aimer ! J'en connais quelques-unes
Ayant les clefs du Paradis perdu.

CHATEAU EN ESPAGNE.

Raphaël, le grand peintre, avait la fantaisie
De bâtir des palais — rêves en action.
Vous élevez le nôtre avec la poésie,
Mais n'en êtes-vous pas l'âme et la vision ?

Les abeilles d'Hymette ont porté l'ambroisie
A vos lèvres d'enfant avec l'illusion
Dont on nourrit l'artiste — et Dieu vous a choisie
Pour achever son rêve en la création.

Ah ! ceux qui font les vers ne sont pas les poëtes,
Et les lyres d'argent seraient toujours muettes
Si l'on n'y versait l'âme et le souffle de Dieu.

Notre château, madame, est un riche poëme,
Paradis idéal que le Tasse lui-même
Eût choisi pour Armide en ses rêves de feu.

BILLET.

Que n'êtes-vous venue en des temps moins moroses ?
Votre bouche est toujours toute pleine de roses ;
Vous avez tout l'attrait des femmes du Midi,
Un sein chaste et hautain dans la neige arrondi,
Le pied le plus mignon et la main la plus blanche ;
Votre cou c'est un lis qu'un vent amoureux penche ;

Vos yeux ont dérobé les feux du firmament,
Et vos regards rêveurs versent l'enchantement.
Sylvia, croyez-en ma bouche où le mensonge
Ne passera jamais : l'amour est un beau songe
Qui vient dans le sommeil; c'est un ange du ciel
Qui nous verse, en riant, de l'absinthe ou du miel;
C'est une chaîne d'or qu'on traîne avec délices,
Un doux parfum venu des plus chastes calices,
Une larme, une perle, un sourire, un rayon,
Une gazelle, un loup, une biche, un lion,
Une source où jamais l'on ne se désaltère
Ah ! Madame, l'amour c'est le ciel et la terre !

L'OISEAU BLEU.

Dans mon âme il est un bocage,
Un bocage aux abords touffus ;
D'un bel oiseau bleu c'est la cage,
Et j'écoute ses chants confus.

Dans mon âme il est une source
Qui ravage fleurs et gazons ;
Au bruit funèbre de sa course
L'oiseau s'endort ; adieu, chansons !

A travers la feuille ondoyante
Il vient souvent un soleil d'or
Pour tarir la source bruyante
Et réveiller l'oiseau qui dort.

L'oiseau bleu, c'est l'amour, madame,
La source est celle de mes pleurs,
Et le soleil, qu'attend mon âme,
Ce sont vos yeux semant des fleurs.

LA BEAUTÉ.

La beauté, coupe d'or pleine de mauvais vin.

Qu'elle était belle à cette promenade
Quand les oiseaux chantaient leur sérénade !

Pris à son sourire divin,

Moi confiant comme un poëte,
J'allais, au chant de l'alouette,

Rêver d'elle au fond du ravin.

Rêves perdus ! O ma sœur ! ô ma mère !
Écoutez-en ma lèvre encore amère :

La beauté, coupe d'or pleine de mauvais vin.

LA ROSE DE BENGALE.

Dans ma jeunesse évanouie,
Je voyais sur chaque chemin
Plus d'une rose épanouie
Qui semblait sourire à ma main.

Bien souvent, hélas ! au passage
J'ai senti mon cœur tressaillir ;
Craignant les épines, en sage,
Je passais souvent sans cueillir.

Auprès d'une Diane en marbre,
Une rose m'arrête enfin,
Plus douce que le fruit de l'arbre
Quand notre mère Ève eut si faim !

Cette rose n'a point d'égale
Elle a son parfum dans les cieux ;
Car c'est la rose de Bengale
Qui ne fleurit que pour les yeux.

———————————

Tu valses comme une Allemande,
O ma maîtresse au front joyeux !
Qu'ils sont bien fendus en amande
      Tes yeux !

J'aime tes lèvres insensées,
Ton front aussi pur qu'un beau jour,

Où glissent de folles pensées
        D'amour.

J'aime la rose que soulève
Ton corsage séditieux,
Ton doux regard qui suit ton rêve
        Aux cieux.

Enfin tu m'as pris dans ton charme ;
Mais ce que j'aime mieux de toi,
O ma belle ! c'est une larme
        Pour moi.

LA FENÊTRE.

Que j'aimais à te voir penchée à la fenêtre
Me regardant venir, sachant me reconnaître
Entre mille passants ! De nos chiens aux aguets
J'entendais de bien loin les jappements plus gais,
Mais j'entendais surtout en mon âme charmée
Battre ton pauvre cœur, ô pâle bien-aimée !
Et malgré tout l'attrait, j'allais plus lentement
Caressant à loisir les songes du moment.
Cependant les beaux chiens que la gaieté transporte
Par leurs cris suppliants se font ouvrir la porte,
Ils me viennent surprendre, ils me lèchent la main,
Et, retournant vers toi, m'indiquent le chemin.

J'arrivais tout ému — toi toute chancelante
Tu venais sur le seuil, ô ma belle indolente !
Ton sein tout palpitant répondait à mon cœur,
Tes yeux levés sur moi se baignaient de langueur ;
Et moi, croyant cueillir et baiser une rose,
Je respirais ton âme à ta lèvre mi-close.

Ces temps-là passent vite, hélas ! Tout est fini !
Les ramiers pour jamais s'envolent de leur nid :
Ainsi font mes amours. Ils ont pris leur volée ;
Ils ne reviendront pas. — Mon âme désolée
N'est plus qu'un noir cyprès où gémira le vent,
Où les oiseaux de nuit iront pleurer souvent.

Oui, ce matin j'ai vu la fenêtre fermée :
Plus de chiens, plus de fleurs. Et vous, ô bien-aimée ?
Dans une solitude au loin vous vous cachez,
Profane ! et vous pleurez sur nos charmants péchés.
Mais les peines de cœur ne sont que passagères,
Le temps efface tout de ses ailes légères ;
L'amour vous poursuivra jusqu'au fond de l'exil
Et vous refleurirez un beau matin d'avril.

NINON.

LES QUATRE VERTUS DE NINON.

Ninon est jeune, elle a vingt ans,
Son sein est taillé dans le marbre ;
On y voit un fruit de printemps,
Plus doux que n'en porte aucun arbre.

Ninon est belle, elle a des yeux
Noirs comme l'aile de la pie,
Des cheveux ondés et joyeux
Comme la Vénus accroupie.

Ninon est bête, elle n'écrit
Que dans son cœur, un mauvais livre.
Oui, mais sa bouche a plus d'esprit
Que la grappe qui nous enivre.

Ninon est folle, elle a raison ;
De la sagesse elle se joue,
Car la folie est de saison
Quand avril fleurit sur la joue.

CHANSON APRÈS SOUPER.

Mon pauvre cœur est aux abois,
J'aime Ninon, Ninon, ma mie.
Je l'ai dit aux nymphes des bois,
C'est que Ninon est si jolie,
J'aime Ninon à la folie.

Avec ton bonnet de travers,
Ta jupe que le vent relève,
Ninon, moque-toi des grands airs;
C'est la feuille de vigne d'Ève,
Ta jupe que le vent soulève.

O Ninon! ta lèvre pâlit
Sous les baisers dont je raffolle;
Ton ciel, c'est le ciel de ton lit,
L'amour est ton maître d'école,
Ta sagesse, c'est d'être folle.

O Ninon! je sais bien comment
Tu mourras, maîtresse, ma mie :
Le verre en main, quand ton amant,
Celui qui t'aime à la folie,
Te dira : « Tu n'es plus jolie. »

LES SENTIERS PERDUS.

Je vais où va le vent d'orage — que ne puis-je
En finir aujourd'hui cependant, car où suis-je ?

Dans un abîme immense où vous m'avez jeté,
O folle passion ? ô sombre vanité !
Et pourtant j'avais bu le doux lait d'une mère
Avant d'ouvrir la bouche à cette source amère
Du mal qui me tuera. Les blanches visions
M'ont entraîné si pur vers les tentations,
Qui nous ferment le cœur en nous levant le masque !
Je suis allé flottant de bourrasque en bourrasque,
Riant de ma candeur, enfant abandonné,
Orgueilleux d'étaler un vice nouveau-né.
Cette folle Ninon, dans son insouciance,
S'enivrant du vin pur de la luxuriance
N'est pas si loin du ciel encor que je le suis :
Un jour, si Dieu le veut, rêveuse au bord du puits
Où la Samaritaine a vu la source vive
De l'amour, elle aura la part de tout convive.
Madeleine, d'ailleurs, prie au ciel pour sa sœur ;
Mais moi ! mais moi, je suis cet aveugle chasseur
Perdu dans la forêt des passions touffues,
Ne voyant plus du ciel que l'orage et les nues.

La vie est une ivresse, eh bien ! enivrons-nous.
Aimons notre folie et sachons vivre en fous.
A quoi bon les remords, soyons enfants prodigues
Et n'ayons pour aïeux que don Juan et Rodrigues.
Il sera temps un jour, au jour des temps meilleurs,
De pleurer nos péchés — s'il nous reste des pleurs !

LA SCIENCE.

J'ai vu de jolis vers dans le vieux Fontenelle,
Huit vers, pas un de plus, mais un huitain charmant :

Seule rose à cueillir en pays si normand
Où l'on fait des bouquets avec la pimprenelle.

Quand je poursuis en vain une muse rebelle,
Quand je veux repousser le rêve de l'amant
Pour suivre la Science en son égarement,
Il me vient de l'alcôve une voix qui m'appelle :

— Il est déjà minuit, pourquoi toujours veiller ?
Viens reposer ton front sur un doux oreiller,
Viens reposer ton âme en mon âme ravie.

— Je cherche la Science en ce livre maudit.
— L'insensé! l'ignorant! il ne sait pas la vie!
La Science, c'est moi, le Serpent me l'a dit.

HÉGÉSIPPE MOREAU.

Il avait dit : « Je pars ; qu'il vienne sur la rive
    Et me donne adieu de la main. »
Mais à peine à ma porte, une maîtresse arrive
    Et dit : « Qu'il attende à demain. »

Mon Dieu, pardonnez-lui — pardonne-moi, poëte,
    Car la Mort n'a pas attendu.
Le lendemain, hélas! sur ta couche muette
    Un linceul était étendu.

Pauvre orphelin-chanteur! La sainte Poésie
    Sur son sein l'avait abrité ;

3

Mais vint la pâle Faim qui tarit l'ambroisie :
    Il mourut... mais il a chanté !

Il mourut n'ayant plus au front une espérance
    Pour éclairer ses derniers jours.
Mais il chanta l'amour, mais il chanta la France :
    Dans nos cœurs son cœur bat toujours.

Il épuisa la vie à dompter sa chimère.
    Après le plus rude combat,
Il appela la Mort — seule elle fut sa mère,
    Seule elle vint à son grabat.

Qu'importe ! bien heureux qui meurt en sa jeunesse,
    Avant la trompeuse moisson,
Surtout si dans le ciel il est vrai qu'on renaisse
    Pour aimer en toute saison !

Quand vient le moissonneur en juin, les alouettes
    S'envolent avec leurs petits
Dans la nue irisée. — Heureux sont les poëtes
    De cette terre ainsi partis !

Hégésippe, pardonne à la folle maîtresse
    Qui m'a détourné du chemin.
Sur les myosotis, les fleurs de ta jeunesse,
    Elle a pleuré le lendemain.

Un baiser, n'est-ce pas toute ma fantaisie ?
Ninon, Ninon, soyez toujours ma poésie !
— Vous faites de beaux vers, mais vous les imprimez.

Faites-les pour moi seule, ami, si vous m'aimez.
Mais votre lyre d'or est aujourd'hui muette,
Vous êtes journaliste et n'êtes plus poëte.
— Ninon, Ninon, j'étais un poëte à vingt ans.
Je venais à Paris vivre de l'air du temps,
D'un rayon de soleil qui dorait ma croisée,
D'une fleur sur le toit par l'averse arrosée.
Alors j'étais poëte et n'avais pas d'argent;
L'argent quel paradoxe! — Ah! l'esprit est changeant :
Je me suis fatigué de vivre en homme libre,
De promener mes vers du Rhin jusques au Tibre
Et j'ai bientôt hanté ce lieu de mauvais ton
Que les papiers publics appellent feuilleton.

CHANSONS POUR NINON.

I.

CELLE QUI A TROP AIMÉ.

Au bord de l'étang d'Aigues-Belle,
Au mois de mai, dans sa fraîcheur,
J'ai vu s'attarder Isabelle
Avec le fils du vieux pêcheur.
On la disait fière et rebelle;
Pourtant, il lui prit à la main
Une fleur cueillie en chemin.
Ah! Seigneur Dieu! qu'elle était belle!
Au bord de l'étang d'Aigues-Belle!

Au bord de l'étang d'Aigues-Belle,
Se cachant le front dans la main,
Vers l'automne, hélas! Isabelle
Pleurait seule sur le chemin,
Triste et pâle, mais toujours belle!
L'amoureux s'en était allé.
Oh! mon Dieu! quel cœur désolé
Battait dans ton sein, Isabelle,
Au bord de l'étang d'Aigues-Belle!

Au bord de l'étang d'Aigues-Belle,
Quand de givre tout fut couvert,
J'ai cherché la pauvre Isabelle,
Mais je n'ai trouvé que l'hiver.
Sur les débris de la nacelle
Il neigeait; j'entendais le vent
Pleurer dans le bois du couvent.
Où donc étiez-vous, Isabelle?
— Au fond de l'étang d'Aigues-Belle.

II.

LES DEUX ROSES.

Blanche dormait sur le rivage,
Un chevalier passa par là :
« La belle, monte ma sauvage.
— Chevalier, nenni pour cela. »

Mais Blanche n'était pas farouche,
Et la cavale allait au pas.

« La belle, un baiser de ta bouche?
— Beau chevalier, je ne veux pas. »

Le chevalier, sur le passage,
Descend et la prend dans ses bras.
« La belle quel joli corsage!
— Beau chevalier, tu me perdras. »

La plus fraîche rose du monde
De Blanche embaumait les appas.
« Je m'en vais la cueillir, la blonde.
— Beau chevalier, je ne veux pas. »

Il ouvrit sa gorgette blanche;
O Rose! en ses mains tu tombas!
« Il t'en reste une encor, ma Blanche.
— Mon chevalier, je ne crois pas. »

III.

L'ÉTOILE.

Le rossignol chantait dans la ramée,
La pâle lune argentait le gazon;
Sur la rocher la triste bien-aimée
Chantait ainsi, les yeux à l'horizon :

« Bien loin de moi, moi dont le cœur se brise,
Avec mon âme il traverse les mers;
Veuillez, mon Dieu, que sur son front la brise
Prenne en passant tous ses songes amers.

3

« Veuillez, Seigneur, que le doux espoir luise
A ses beaux yeux et qu'il échappe aux flots.
Veuillez, Seigneur, que l'amour le conduise,
Et qu'il s'endorme aux chants des matelots.

« Tu reparais dans le ciel, isolée,
Ma belle étoile aux amoureux rayons;
Quand, pour te voir, je viens dans la vallée,
Jacques vers toi cherche mes visions.

« Dans tes rayons nos âmes enlacées
Vont écouter un écho des beaux jours;
Foyer charmant de toutes nos pensées,
Ma chère étoile, ah ! reparais toujours. »

Mais Jane entend gronder au loin l'orage,
Et sur l'étoile un nuage a passé !
La mer mugit, c'est encore un naufrage;
La pauvre enfant tombe le cœur glacé.

Le lendemain, couverte d'un long voile,
Jane écoutait l'Océan dans son flux,
Et s'écriait en contemplant l'étoile :
« Pourquoi briller puisqu'il ne te voit plus ? »

LE BAL DE L'OPÉRA.

Au bal de l'Opéra tout n'est qu'heur et malheur
Je croyais emmener quelque folie en fleur,
Et j'avais à mon bras la sagesse chargée

De trente-huit printemps. Que Ninon est vengée !
Le bal de l'Opéra, c'est la vie : — on y va
Cherchant les visions qu'à vingt ans on rêva.
Parmi ces visions au sourire fantasque
Il faut en choisir une et dénouer son masque.
Le masque tombe, eh bien ! est-ce la Volupté,
Diane aux pieds d'argent ou Vénus Astarté ?
Cependant avec vous elle va sans vergogne
S'enivrer du sang pur qui jaillit en Bourgogne.
C'est en vain qu'avec elle on boit jusqu'au matin
L'ivresse et la folie avec le chambertin ;
On saisit corps à corps la folle créature,
On veut qu'un peu d'amour couronne l'aventure ;
Mais au lieu d'une femme, hélas ! on s'aperçoit
Qu'on n'a plus au banquet que la Mort avec soi,
La mère du néant, vieille actrice enrouée
Qui baisse le rideau quand la farce est jouée !

DEVANT UN PORTRAIT

DE MADAME DE PARABÈRE.

Ah ! Ninon ! le beau temps ! l'air était imprégné
De bonheur et d'amour ; le cœur était baigné
Des légères vapeurs d'une aube rose et bleue ;
On traînait en rêvant l'altière robe à queue,
On suivait Cupido, ses fleurs et son carquois,
Qui vous montrait la route avec ses yeux narquois.
On allait, on allait tout à la poésie,
S'enivrant à plein cœur aux sources d'ambroisie ;

On était sans souci du sombre lendemain,
On foulait l'herbe et non les ronces du chemin ;
Les saints avaient là-haut bien du fil à retordre,
Car à la pomme d'Éve on savait si bien mordre !
On n'avait pas pour rien créé les paravents,
Il fallait bien aussi repeupler les couvents :
Après avoir vécu comme la pécheresse,
L'esprit plein de folie et le cœur plein d'ivresse,
Est-il rien de plus doux que de se repentir ?
C'est encor de l'amour. Oui, l'on aime à bâtir
La cellule où l'on doit prier jusqu'à la tombe,
Sur la ruine aimée où revient la colombe.
On priait peu d'ailleurs : la mort dans le printemps
Vous prenait jeune et belle. Ah ! c'était le bon temps !

LA COURONNE D'ÉPINES.

Quand le poëte passe en l'avril de sa vie,
Il cueille avec l'amour les fleurs de son chemin,
La grappe du lilas, l'étoile du jasmin,
Le doux myosotis dont son âme est ravie.

Tantôt c'est pour Ninon, tantôt c'est pour Sylvie;
Pour orner le corsage ou pour fleurir la main ;
— Souvenir de la veille — espoir du lendemain,
O poëtes, cueillez ! le ciel vous y convie.

Cueillez, car ces fleurs-là sont les illusions !
Poëtes, suivez-les, vos blanches visions
Dans le monde idéal, sous les splendeurs divines.

Mais quand vous n'aurez plus la couronne de fleurs,
Ne vous étonnez pas de répandre des pleurs ;
Car vous aurez alors la couronne d'épines.

SAULES PLEUREURS.

Elle passe comme le vent,
Ma jeunesse douce et sauvage !
Ma joie est d'y penser souvent :
Elle passe comme le vent ;
Mon cœur la poursuit en rêvant,
Quand je suis seul sur le rivage !
Elle passe comme le vent
Avec l'amour qui la ravage.

Elle fuit, la belle saison ;
Plus d'aventure! plus d'ivresse !
Adieu, printemps! adieu, chanson !
Elle fuit, la belle saison :
Plus n'irai-je au pied du buisson
Pour la muse et pour la maîtresse !
Elle fuit, la belle saison :
Adieu donc, adieu charmeresse.

Que de larmes! que de regrets !
Toi dont mon âme fut ravie,
O ma belle! où sont les attraits ?
Que de larmes! que de regrets !
Mes mains ont planté le cyprès
Sur les chimères de ma vie :

Que de larmes! que de regrets!
Adieu mon cœur, adieu ma mie!

LE TOMBEAU DE L'AMOUR.

Monsieur de Cupidon, grand coureur d'aventure,
Qui veniez si souvent rêver sous mon balcon,
Ne vous verrai-je plus, si ce n'est en peinture;
Me condamnerez-vous aux vierges d'Hélicon?

As-tu donc oublié nos belles équipées?
Nous n'allions pas nous perdre au ciel comme Ixion.
Aujourd'hui, qu'as-tu fait de tes flèches trempées
Dans la coupe où Vénus buvait la passion?

Pour avoir de l'argent les aurais-tu fondues?
Ton carquois n'est-il plus qu'un sac d'écus comptés?
Qu'as-tu fait de ton chœur de nymphes éperdues
Conviant l'univers aux folles voluptés?

Aurais-tu trépassé dans les bras de ma belle
Sur la double colline où la neige rougit?
Si tu ne réponds pas à mon cœur qui t'appelle
Sur le sein de Ninon j'écrirai donc : *Ci-gît.*

Ci-gît mon jeune amour : ne pleurez pas! Sa tombe
Où déjà plus d'un cœur est venu se briser
Est un doux lit jonché de plumes de colombe.
— Il naquit d'un sourire et mourut d'un baiser! —

LES FANEURS DE FOIN.

DÉDIÉ A THÉOCRITE.

En Champagne — un pré fauché de la veille — un ruisseau d'un côté avec des saules, des peupliers de l'autre, un bois de noisetiers dans le fond. — Le soleil se lève — les deux faneurs sont dans le sentier qui conduit au pré.

HYACINTHE, SUZANNE.

SUZANNE.

L'alouette en chantant s'élève dans le ciel;
L'abeille, aux ailes d'or, s'en va chercher son miel;
Le merle persifleur chante sous la ramure.
— D'où nous vient ce parfum? la fraise est-elle mûre?
Est-ce encor l'aubépine ou le trèfle fauché?

HYACINTHE.

Te souviens-tu? Le soir où je m'étais caché
Dans le trèfle touffu de mon oncle Jean-Jacques?
Tu revenais, je crois, de la fête de Pâques,
Tu pensais au bon Dieu; mais le diable était là,
Te guettant au passage et te criant holà!
Un beau soir!

SUZANNE.

Ce beau soir, du moins, je fus aimée,
Le rossignol chantait sur la branche embaumée.

HYACINTHE.

Mon cœur chantait aussi.

SUZANNE, sautant sur le pré.

Nous arrivons.

HYACINTHE.

Déjà !

N'as-tu pas reconnu l'orme qui t'ombragea
Quand tu venais, enfant, cueillir la primevère,
Après avoir prié la Vierge, au Grand Calvaire?

SUZANNE, se regardant au fond du ruisseau.

J'ai pâli, n'est-ce pas?

HYACINTHE.

Non, le flot en passant
Argente avec amour ton profil ravissant.
Ah, bienheureux ruisseau!

SUZANNE.

L'amant d'une bergère
Chantait tout comme toi : bienheureuse fougère !
Chansons que tout cela! — Dépêchons-nous un peu.

HYACINTHE.

Ton image est ainsi dans mon cœur tout en feu.
Quand je suis loin de toi sur ma charrue oisive,
Je la retrouve en moi ton image captive.

SUZANNE.

Moi je vois dans mon cœur, tel que l'amour l'a peint,
Ton portrait.

HYACINTHE, poursuivant.

Au goûter je donne tout mon pain
A mes pauvres chevaux, car moi je n'y mords guère.
Va, tes beaux yeux m'ont fait une cruelle guerre.

SUZANNE.

Tu chantes aujourd'hui de bien vieilles chansons.
C'est trop baguenauder; à l'œuvre! commençons.

Que l'herbe secouée à plus d'une reprise
Reçoive tour à tour le soleil et la brise.
Vois! ma fourche, coupée au bois du vieux couvent,
Est légère en mes mains comme une plume au vent.
Commençons par ce coin, à l'ombre de ces saules.

HYACINTHE, glissant la main sur l'épaule de Suzanne.

Prends bien garde au soleil pour tes blanches épaules.
Que l'ombre est fraîche encor sous ses branchages verts.

SUZANNE.

Le maladroit! voilà mon fichu de travers!

(Souriant.)

Nous parlerons d'amour quand l'herbe secouée...
Allons, ma chevelure est toute dénouée!
Finissez donc, méchant, avec tous vos discours;
Si tu ne finis pas, j'appelle à mon secours!

HYACINTHE.

Eh! qui donc appeler? Le ramier qui roucoule?
Le rossignol qui chante et le ruisseau qui coule?
Je suis seul, avec toi; pas même un moissonneur
Qui passe dans les champs.

SUZANNE.

                    Oui, seule; mais l'honneur
En sentinelle est là!

HYACINTHE.

                    L'honneur bat la campagne.

SUZANNE.

Allons, ne bâtis pas de châteaux en Champagne.
Alerte! vois ce foin comme il est vert encor!

HYACINTHE.

Mon amour est, ma foi, digne de l'âge d'or;
Je suis d'une candeur qui n'eut jamais d'égale.
A quoi bon?

SUZANNE, d'un air distrait.

As-tu vu bondir cette cigale ?
Tiens, la voilà qui danse aux pipeaux du grillon,
En face d'une abeille, avec un papillon !
Sur elle la rosée a secoué ses perles.
— Tu l'arrêtes déjà !

HYACINTHE.

J'entends siffler les merles ;
Ils annoncent par là l'heure du déjeuné.
La cloche du château...

SUZANNE.

N'a pas encor sonné.
Allons ! un peu d'ardeur et point de niaiserie !
Nous ne déjeunerons qu'au bout de la prairie,
Là-bas sous le grand orme où tremblent les roseaux,
Aux parfums de la brise, à la fraîcheur des eaux.

HYACINTHE

Un déjeuner frugal.

SUZANNE.

Et pourtant délectable.

HYACINTHE.

A qui donnerons-nous les miettes de la table ?

SUZANNE.

Aux oiseaux du bocage.

HYACINTHE.

Ah ! quand on a vingt ans
Le bonheur est de vivre un peu de l'air du temps.

SUZANNE.

Le bonheur est partout à cet âge ineffable ;
Mais plus tard, m'a-t-on dit, ce n'est plus qu'une fable,
Un beau conte de fée, une image qui fuit,
Un rêve vagabond qui se perd dans la nuit.

HYACINTHE.

Tu parles comme un livre.

SUZANNE.

Ah ! c'est que ma grand'mère
En savait long.

HYACINTHE.

Eh oui, c'était une commère
Qui parlait aussi bien que le premier venu.
— Si pour moi le bonheur est encore inconnu,
Je sais où le trouver, Suzanne, ô ma maîtresse !
A les lèvres de feu je boirai son ivresse
Si tu veux m'écouter. Tu vois bien ce ramier
Qui voltige là-bas du platane au pommier,
Qui se plaint tendrement comme la tourterelle ?
Il attend sa colombe et roucoule pour elle.
Il attend le bonheur, le bonheur c'est l'amour.

SUZANNE.

N'allons pas fatiguer les échos d'alentour.

HYACINTHE.

Le bonheur, avec toi, c'est un peu d'herbe fraîche,
Loin de l'aïeul fâcheux qui s'ennuie et qui prêche ;
C'est l'ombre d'une branche où chantent les oiseaux,
Une fleur d'or cueillie au milieu des roseaux,
Une feuille qui vole, un nuage qui passe,
Une vieille chanson qui traverse l'espace ;
C'est la chaumière enfouie à l'ombre du noyer,
C'est l'agreste souper près du joyeux foyer,
C'est le petit enfant qui gazouille et qui joue.

SUZANNE.

Ça, n'allons pas si vite !

HYACINTHE.

Un baiser sur la joue,
Sur ton front virginal, sur ton œil langoureux,

Qui me fait voir le ciel quand je suis amoureux ;
Sur tes cheveux flottants autour de ton visage,
Sur ce bouquet fané qui sèche à ton corsage :
Ah ! voilà le bonheur, si je savais oser !

(Il embrasse Suzanne.)

SUZANNE.

Holà ! que fais-tu donc ?

HYACINTHE.

Ce n'est rien : un baiser.
Un baiser pris au vol — un seul — et je suis ivre ;
Tu vois bien que ma bouche en sait plus long qu'un livre ;
Nous cherchons le bonheur, le bonheur n'est pas loin :
Le voilà.

SUZANNE, laissant tomber sa fourche.

Mais, mon Dieu, que deviendra le foin ?

VINGT ANS.

Théo, te souviens-tu de ces vertes saisons
Qui s'effeuillaient si vite en ces vieilles maisons
Dont le front s'abritait sous une aile du Louvre?
Ah! soulevons encor le voile qui les couvre,
Agito   en nos cœurs les trésors enfouis,
Plongeons dans le passé nos regards éblouis.
Chimères aux cils noirs, espérances fanées,
Amis toujours chantants, amantes profanées,
Songes venus du ciel, flottantes visions,
Sortez de vos tombeaux, vieilles illusions!

Rebâtissons, ami, ce château périssable
Que le souffle du monde a jeté sur le sable :
Replaçons le sofa sous les tableaux flamands,
Balayons à nos pieds gazettes et romans,
Ornons le vieux bahut de vieilles porcelaines
Et faisons refleurir roses et marjolaines.
Qu'un rideau de lampas ombrage encor ces lits,
Où nos jeunes amours se sont ensevelis.
Appendons au beau jour le miroir de Venise :
Ne te semble-t-il pas y voir la Cydalise,

1.

Respirant un bouquet qu'elle avait à la main,
Et pressentant déjà le triste lendemain?

Entr'ouvrons la fenêtre où fleurit la jacinthe...
Il m'en reste une encor! relique trois fois sainte :
J'y trouve je ne sais quels célestes parfums,
Quels doux ressouvenirs de nos amours défunts.
Passons encore ensemble une heure fortunée :
Traînons les vieux fauteuils devant la cheminée,
Demandons un fagot pour rallumer le feu,
Appelons notre chat et devisons un peu :
Que dit-on par le monde? Eh! qu'importe! nous sommes
Dans la verte oasis, loin du désert des hommes!
Laissons-les s'épuiser avec les vanités,
Et parcourons toujours nos palais enchantés;
Couvrons de notre oubli le monde et ses tourmentes;
Parlons de nos amours, parlons de nos amantes :
L'amour! songe du ciel qui vient dans le sommeil,
— Étoile de la nuit, — doux rayon de soleil
Qui jaillit du chaos de notre âme ravie!
L'amante! coupe d'or où nous buvons la vie!

Et Gérard survenant s'asseyait près de nous,
Et le chat en gaieté sautait sur ses genoux.
— D'où vous vient, ô Gérard, cet air académique?
Est-ce que les beaux yeux de l'Opéra-Comique
S'allumeraient ailleurs? *La Reine de Saba*
Qui depuis deux hivers dans vos bras se débat,
Vous échapperait-elle ainsi qu'une chimère?
Et Gérard s'écriait : — Que la femme est amère!

Quelquefois le matin il venait en chantant
Ces chansons de Bagdad que Beauvoir aimait tant;

Tu l'écoutais, l'esprit perdu dans les ténèbres,
Cherchant à ressaisir les images funèbres
De celle que la mort sur son pâle cheval
Emporta dans la tombe un soir de carnaval.

Tu n'as point oublié la jeune tavernière
Qui venait, à midi, nous verser de la bière ?
Quelle gorge orgueilleuse et quel œil attrayant !
Rubens eût tressailli de joie en la voyant.
Cette fille aux yeux bleus, follement réjouie,
Les blonds cheveux épars, la bouche épanouie,
Jetant à tout venant son cœur et sa vertu
Et faisant de l'amour un joyeux impromptu,
Fut de notre jeunesse une image fidèle ;
Ami, longtemps encor nous reparlerons d'elle,

Ah ! si ces heureux jours devaient nous revenir !
Nous passons, nous fuyons, et, sans le souvenir,
Nous aurions tout perdu. Comme les hirondelles,
Déjà l'amour frileux s'envole à tire-d'ailes.
Le temps a sous ses pieds foulé le vert sentier
Et flétri de ses mains les fleurs de l'églantier ;
La bise va chasser nos musiques lointaines,
Le torrent vagabond va troubler nos fontaines ;
Le ciel, si doux hier, se couvre à l'horizon :
Voilà pour nous déjà la mauvaise saison.

Ne saurons-nous donc pas où vous êtes allées,
Sur quel songe fatal vous êtes envolées,
Prêtresses qui gardiez le feu de nos désirs,
Reines de nos amours, reines de nos plaisirs ?

Judith oublie Arthur, Franz, Édouard, et le reste

En donnant à son cœur la solitude agreste ;
Fanny, sur la Brenta, caresse un jeune enfant
Plus joli qu'un Amour et plus léger qu'un faon.
Son lait ne tarit point pour cet enfant folâtre
Qui rappelle si bien celui qu'elle idolâtre ;
Image d'un bonheur trop vite évanoui,
Des jardins du plaisir beau lys épanoui,
Doux portrait qui lui parle et qui dort auprès d'elle,
Dernier sourire enfin d'un amant infidèle.
Ninon au Jockey-Club prodigue ses beaux jours ;
Charlotte danse encore, et dansera toujours.
Alice — il la faut plaindre et prier Dieu pour elle :
Elle est dans le bourbier, la pauvre tourterelle ;
Un orage a brisé son rameau bien-aimé,
Et pour elle à jamais le beau ciel s'est fermé.
Olympe — pleurons-la ! ce soir dans un passage
Je l'ai vue : elle avait des fleurs à son corsage,
Dont le vin et le musc étouffaient les parfums.
Fille perdue, elle a de ses amours défunts
Oublié la candeur, la jeunesse et la grâce ;
En son cœur la vertu n'a laissé nulle trace :
Le toit qui l'abritait en sa chaste saison,
Le beau ciel de printemps si pur à l'horizon,
Le sentier où tomba sa plus douce chimère
Et l'église rustique où va pleurer sa mère,
Elle a tout oublié ! tout, jusqu'au vert bosquet
Où son premier amant lui cueillit un bouquet.

Gardons, ô mon ami, pour nos vieilles années,
Le parfum enivrant de tant de fleurs fanées.
Gardons un épi d'or de toutes nos moissons,
Gardons le gai refrain de toutes nos chansons !

Oh ! le beau temps passé ! Nous avions la science,
La science de vivre avec insouciance;
La gaieté rayonnait en nos esprits moqueurs,
Et l'amour écrivait des livres dans nos cœurs.

DIEU.

ODE PANTHEISTE DÉDIÉE A HOMÈRE.

Nature feconde en merveilles,
Mère éternelle des humains,
Qui nous allaites, qui nous veilles,
Et qui nous berces de tes mains,
A mes pieds effeuille une rose,
Égrène un épi mûr, arrose
Sous la grappe ma lèvre en feu ;
Pour sanctifier mon délire
D'un rayon couronne ma lyre,
O Soleil ! je vais chanter Dieu.

Chanter Dieu, profane poëte !
Penche ton front sur le chemin ;
Que longtemps ta lyre muette
Fatigue ton cœur et ta main...
Je chanterai : ma poésie
Est une fleur que j'ai choisie
Dans un Éden du ciel aimé ;
Elle a pu fleurir pour la terre,

Mais elle lève, solitaire,
Vers Dieu son calice embaumé.

Après une course lointaine,
Je vais m'asseoir sur le penchant
Du mont où brille la fontaine
Aux rayons du soleil couchant;
Et mon âme prend sa volée
Dans les splendeurs de la vallée,
Abeille butinant son miel;
Elle s'arrête avec ivresse
Pour ouïr le chant d'allégresse
Que la nature élève au ciel.

Allez donc, âme vagabonde !
Respirez autour des buissons,
Dans le sentier où l'herbe abonde;
Au bruit des rustiques chansons,
Cueillez vos belles rêveries
Sur le bord touffu des prairies;
Tandis que chante le grillon,
Bercez-vous dans la marjolaine
Auprès du cheval hors d'haleine
Qui hennit au bout du sillon.

Jeanne la brune, aux pieds du pâtre,
Au nouveau-né donne son sein,
Gamelle qui n'est pas d'albâtre,
Mais que Dieu fit grande à dessein;
Bras nus et jambe découverte,
Margot lave sa jupe verte;
Le meûnier l'embrasse en passant.
Là-bas, dans son insouciance,

L'écolier, cherchant la science,
Secoue un arbre jaunissant.

L'écolière, comme une abeille,
A chaque pas prend un détour
Pour recueillir dans sa corbeille
Ces bouquets si doux au retour !
Prends garde, ô ma pauvre écolière,
Que ta corbeille hospitalière
N'accueille ce serpent maudit
Qui surprit Ève ta grand'mère,
Et lui vanta la pomme amère
Si bien, hélas ! qu'elle y mordit.

Voyez dans ce petit domaine,
Un joyeux enfant à la main,
Ce beau vieillard qui se promène,
Et bénit Dieu sur son chemin ;
Il a, durant des jours prospères,
Cultivé le champ de ses pères.
Du travail recueillant le fruit,
Il attend que la mort l'endorme
Près de l'église et du vieux orme,
Un soir, sous un beau ciel, sans bruit.

Plus loin, sous l'arbre de la rive
Le front penché languissamment,
La pâle délaissée arrive
Pour rêver seule à son amant.
Son regard se perd dans l'espace,
Chaque flot agité qui passe
Conseille à son cœur d'espérer.
Dans le bocage une voix chante

Quelque vieille chanson touchante ,
Qui la fait sourire et pleurer.

Près de l'étang où la colombe
Secoue une plume en passant,
Je vois un vêtement qui tombe
Comme un nuage éblouissant :
La belle du parc est venue
Pour le bain. Elle serait nue
Sans sa mantille de cheveux ;
Elle descend dans l'herbe épaisse ;
Le rameau sur elle s'abaisse
Pour voiler ses seins amoureux.

Elle a détourné la broussaille
Qui retenait son pied d'argent ;
Elle glisse, l'onde tressaille
Et baise son beau corps nageant.
Si Phidias, le dieu du marbre,
Était là caché sous un arbre !
J'entends du bruit ; c'est un amant !
Descendra-t-il une nuée ?
Car la ceinture est dénouée,
Et l'amour chante un air charmant.

Mais, comme Suzanne la chaste,
Elle trouve un voile dans l'eau,
Dont la face verte contraste
Avec son cou. Divin tableau !
Elle fuit avec l'hirondelle,
Qui va l'effleurant d'un coup d'aile ;
L'onde suit avec un frisson ;
L'amant attend sous la ramée,

Et l'amour dit : « O bien-aimée!
En serai-je pour ma chanson? »

— Mais tu t'égares, ô mon âme !
Est-ce ainsi qu'il faut chanter Dieu ?
— J'ai chanté le sublime drame,
Le sentier vert sous le ciel bleu ;
La beauté jetant sa ceinture,
Les seins féconds de la nature,
Le travail et la liberté ;
L'enfant qui joue avec son père,
L'amante dont le cœur espère...
Mon Dieu, ne t'ai-je pas chanté?

LE CHEMIN DE LA VIE.

La vie est le chemin de la mort; ce chemin
N'est d'abord qu'un sentier fuyant par la prairie,
Où la mère conduit son enfant par la main,
    En priant la Vierge Marie.

Aux abords du vallon, le sentier des enfants
Passe dans un jardin. Rêveur et solitaire,
L'adolescent effeuille et jette à tous les vents
    Les roses blanches du parterre.

Au milieu du jardin, il est un vert bosquet
Où le ramier gémit sur la branche embaumée;
C'est là que l'amoureux va cueillir un bouquet,
    En rêvant à la bien-aimée.

Quand l'amoureux s'égare en ce bosquet charmant,
Il voit s'évanouir ses chimères lointaines,
Et le démon du mal l'entraîne indolemment
    Au bord des impures fontaines.

Au dehors, le chemin qui va s'assombrissant,
Arrive en un palais dont l'éclat nous transporte;
Là sont les vanités : détourne-toi, passant,
    Le malheur mendie à la porte !

Plus loin, c'est l'arbre noir — détourne-toi toujours,
L'arbre de la science où flottent les mensonges :
Garde que ses rameaux ne voilent tes beaux jours,
    Et n'effarouchent tes beaux songes.

En quittant le jardin, la fleur et la chanson,
La Jeunesse et l'Amour qui s'endorment sur l'herbe,
Le voyageur aborde au champ de la moisson,
    Où son bras étreint une gerbe.

De sa rude moisson il va se reposer
Sur la blonde colline où les raisins mûrissent ;
Pour la coupe enivrante il retrouve un baiser
    A ses lèvres qui se flétrissent.

Plus loin, c'est le désert, le désert nébuleux,
Parsemé de cyprès et de bouquets funèbres ;
Enfin, c'est la montagne aux rochers anguleux,
    D'où vont descendre les ténèbres.

Pour la gravir, passant, Dieu te laissera seul.
Un ami te restait, mais le voilà qui tombe ;
Adieu. l'oubli de tous t'a couvert du linceul ;
    Tes enfants élèvent ta tombe !

O pauvre pèlerin ! il s'arrête en montant,
Et se voyant si loin du sentier où sa mère
L'endormait tous les soirs sur son sein palpitant,
    Il essuie une larme amère.

Et se voyant si loin des jardins enchantés,
Dans un doux souvenir son cœur se réfugie ;

Et se voyant si loin des jeunes voluptés,
　　Il chante une vieille élégie.

En vain il tend les bras vers la belle saison,
Il jette des sanglots au vent d'hiver qui brame ;
Il a vu près de lui le dernier horizon,
　　Déjà Dieu rappelle son âme.

Quand il s'est épuisé dans le mauvais chemin,
Quand ses pieds ont laissé du sang à chaque pierre,
La mort passe à propos pour lui tendre la main
　　Et pour lui clore la paupière.

5.

LA ROSE BLANCHE.

I.

Il est une tombe isolée
Au fond de la sombre vallée
Du vieux village d'Oberr-May ;
Son urne sculptée est couverte
D'une herbe qui n'est jamais verte,
Même aux beaux jours du mois de mai.

A ses pieds un ruisseau serpente
Et sanglotte en suivant sa pente
Sous les ajoncs et les roseaux.
Les sylvains et les demoiselles
N'effleurent jamais de leurs ailes
La sombre face de ses eaux.

De noirs nuages la couronnent ;
Les montagnes qui l'environnent
Ne s'étoilent jamais de fleurs :
C'est la sépulture d'Hélène.
Sur l'ombre de la châtelaine
Un vieux saule répand des pleurs.

II.

Or, quand un voyageur traverse la vallée
A l'heure triste et sainte où la nuit se répand,
Il n'ose regarder cette tombe isolée,
Et la frayeur sur lui glisse comme un serpent.

Il s'enfuit, il s'arrête à l'auberge prochaine,
Il frappe — l'hôtesse ouvre — il la suit tout craintif;
En le voyant passer, les chiens mordant leur chaîne
Lui jettent pour salut un hurlement plaintif.

Morne comme un soldat qui tombe sans victoire,
Il s'assied au foyer où flambe le sarment,
Et l'hôtesse en émoi lui conte cette histoire
Qu'au temps passé contait sa mère en l'endormant :

III.

On voit sur la montagne un vieux pan de muraille
Qui semble défier le temps et son marteau :
Ce géant, demeuré sur le champ de bataille,
Est le dernier débris d'un gothique château.

Là demeurait Hélène avec sa vieille mère ;
Ne voyant pas encor les ronces du chemin,
Elle entrait en riant dans cette vie amère,
Et déjà vers l'amour tendait sa blanche main.

IV.

LA CHANSON D'HÉLÈNE.

« Petites fleurs qui croissez sur la rive,
Le vent jaloux passe pour vous cueillir;
J'appelle en vain, nul amoureux n'arrive.
Loin de l'amour me faudra-t-il vieillir?

« Je ne suis pas une vierge farouche;
Vit-on jamais mon sourire moqueur?
Et n'ai-je pas, tout brûlant sur ma bouche,
Un doux baiser qu'emprisonne mon cœur?

« Lys qui penchez sur les roses vermeilles,
Eau qui murmure, oiseaux et papillons,
Bois agités, diligentes abeilles,
Ramiers plaintifs tapis dans les sillons;

« O visions qui traversez l'espace,
Nuages bleus emportés par le vent,
Priez le ciel qu'un jeune amoureux passe,
Un amoureux au cœur toujours fervent! »

V.

Hélène errait un jour, avec ses rêveries,
Sur un sable jonché d'étoiles de jasmin;
Un rosier incliné sur le bord du chemin
L'accrocha par la robe à ses branches fleuries.

Elle essaya de fuir, mais en vain ; le rosier
Retint avec amour cette robe rebelle,
Et pencha sous ses yeux une rose si belle
Qu'elle s'agenouilla pour mieux s'extasier.

Longtemps elle admira cette fleur enchantée,
Sa lèvre respira ce parfum ravissant
Que répand une rose en s'épanouissant,
Et qui conduit l'amour dans une âme exaltée.

VI.

« Ma blanche rose, es-tu l'âme d'un paladin ? »
La rose balança la tête avec dédain.
« Es-tu l'âme d'un roi ? » La rose fut muette
« Je l'avais deviné, c'est l'âme d'un poëte.
Réponds-moi, réponds-moi, calice épanoui. »
La rose s'inclina pour lui répondre : Oui.

VII.

C'est en vain qu'on m'attend là-bas sur la pelouse ;
Je ne puis la quitter, ma fleur : je suis jalouse
          Des papillons follets
Qui boivent à son sein, du soleil qui lui verse
Un pur rayon d'amour, et du vent qui la berce
          Aux chants des oiselets.

« O rose ! sais-tu donc ta triste destinée ?
Le vent t'a-t-il prédit que tu mourrais fanée ?
          Peut-être que demain,

Par le feu du soleil tes corolles séchées,
De la tige bientôt par le vent détachées,
          Jauniront le chemin.

« Où passeras-tu donc alors, âme transfuge ?
Dieu veuille que mon cœur devienne ton refuge
          Jusqu'au jour solennel
Où la mort passera pour clore mes paupières
Et renverser mon corps dans le froid lit de pierres
          Du sommeil éternel. »

VIII.

Le soir, l'orage dans la nue
Jetait l'éclair étincelant ;
Hélène errait dans l'avenue
Seule avec son rêve brûlant.

Quand vint à passer un poëte
Qui lui demanda son chemin.
Hélène demeura muette,
Et lui tendit sa blanche main.

Le poëte, en voyant Hélène,
Hélène aux beaux yeux éplorés,
Lui dit : O noble châtelaine,
Vous êtes belle et vous pleurez !

— Je pleure, mais que vous importe,
O voyageur ! Le temps est noir ;
Suivez mes pas vers cette porte,
Au sombre foyer du manoir.

IX.

Le poëte au château suivit la châtelaine.
En le voyant si sombre : Hélas ! disait Hélène ,
J'avais toujours rêvé le poëte si beau !
Celui-là n'est qu'un spectre échappé du tombeau.
Le malheur sur sa face a laissé trop d'empreintes ;
Il demande la mort et ses froides étreintes ,
Non , je ne puis l'aimer ; qu'il poursuive demain
Son rêve le plus doux en son mauvais chemin.

X.

Elle redescendit au jardin. Le poëte
La suivit tristement, pas à pas, dans la nuit.
Elle baisa la fleur d'une lèvre inquiète,
            Et, tremblante, s'enfuit.

Le poëte, à son tour, ivre de poésie,
S'approcha du rosier qui s'agitait encor :
« O chimère d'amour, sublime fantaisie
            Digne de l'âge d'or !

« Si j'allais te cueillir, ô rose bien-aimée !
Aurais-je sur Hélène un talisman vainqueur ? »
Et détachant la fleur de sa tige alarmée,
            Il la mit sur son cœur.

XI.

Il partit, emportant la fleur bientôt flétrie ;
Il s'en alla revoir sa lointaine patrie,

Laissant au cœur d'Hélène un charmant souvenir.
Elle pleura la rose, elle tomba malade,
Et sans cesse, à sa mère, ainsi qu'en la ballade,
Elle disait : Là-bas, ne vois-tu rien venir?
Quand s'éveillait l'aurore aux chants de l'alouette,
Quand s'endormait le jour aux cris de la chouette,
Hélène murmurait : Il ne revient donc pas!
Enfin, deux voyageurs un soir se rencontrèrent
Aux portes du donjon et tous deux ils entrèrent :
L'un était le Poëte, et l'autre le Trépas.

XII.

Les sombres voyageurs s'approchèrent d'Hélène,
Dont les regards éteints suivaient une phalène,
Et dont l'âme aspirait le parfum du bon temps.

HÉLÈNE.

Quel est donc ce bruit sourd que l'écho me répète?
Est-ce encore, mon Dieu, la voix de la tempête?

LE TRÉPAS.

Hélène, je t'attends,

HÉLÈNE AU POETE.

Toi, mon poëte! Et lui? Quel est-il? Il m'effraie.
Hélas! est-ce donc lui que m'annonçait l'orfraie?
Quel lugubre regard! quelle sombre pâleur!
Quel parfum sépulcral! quels vêtements funèbres!
Est-ce un mauvais génie, un esprit des ténèbres?
Réponds-moi, quel es-tu, messager de malheur?

LE TRÉPAS.

Un vieux comédien envoyé sur la terre,
Qui n'apparait jamais qu'à la fin du mystère.
Les fleurs tremblent d'effroi quand passent les autans,

Dès que je fais un pas , toutes les cloches sonnent ,
La terre ouvre son sein et les mortels frissonnent.
                    Hélène , je t'attends.

HÉLÈNE.

Son souffle ténébreux me glace d'épouvante.
Suis-je morte, ô Poëte! ou suis-je encor vivante ?
Je croyais être à toi , ne suis-je qu'au Trépas?
Le vent plus tristement pleure sur les murailles :
N'entends-je point déjà le chant des funérailles ?
Approche, approche encor , ne me délaisse pas !

LE POETE.

Pourquoi trembler ainsi, mon Hélène , ma belle ?
La mort est loin de nous, car la reine Isabelle
Recevra cette nuit son baiser glacial.
Enivrons-nous d'amour, de rayons, d'harmonie!
Le bonheur nous attend. — Fuis, ô mauvais génie!
                    Loin du lit nuptial.

LE TRÉPAS AU POETE.

A peine si tes bras enlaceraient un arbre;
Moi j'enlace le monde, et sur mon sein de marbre
Les générations passent à chaque instant.
Moissonneur éternel de la vallée humaine,
Je fauche sans relâche et jamais la semaine
N'eut un jour de repos pour mon corps haletant.

LE POETE A HÉLÈNE.

Je viens à ton étoile unir ma destinée,
Mon Hélène , revêts ta robe d'hyménée,
Et fais-toi belle encor comme au dernier printemps.

LE TRÉPAS A HÉLÈNE.

Je suis las de ma femme, une vieille qui louche.
J'en veux, pour cette nuit, voir une autre en ma couche.
                    Hélène, je t'attends.

                                        6

HÉLÈNE.

Quelle adorable odeur sur ma bouche est tombée ?
Que vois-je ! c'est la fleur que tu m'as dérobée,
Poëte. — Je croyais t'aimer, je te maudis !
Je croyais... Cette fleur que j'emporte en ma tombe,
Était mon Idéal. — A toi mon corps qui tombe,
Trépas. — Et vous, mon âme, allez au paradis !

LE PAYS DU POETE.

A UN RÊVEUR DE LA MONTAGNE.

Ami, garde toujours ton petit horizon,
Ne fuis jamais le ciel de ta belle saison,
Bois le vin de ta vigne ou l'eau de ta fontaine :
Pourquoi chercher en vain quelque source lointaine ?
Ne dépasse jamais ce sauvage rocher
Où tu vois tous les soirs le soleil se coucher ;
Promène ta jeunesse avec ta rêverie
Vers l'asile ignoré d'une blanche Égérie ;
Cueille l'humble pervenche aux lisières du pré
Pour parer au retour quelque sein effaré.
Es-tu las de rêver le long de la charmille ?
Appelle les enfants, ces fleurs de la famille,
Et repose ton cœur dans leurs ébats joyeux.
Au moins quand pour jamais tu fermeras les yeux,
Tu pourras t'endormir auprès de ta chimère
Dans un linceul de lin qu'aura filé ta mère.

Moi, j'ai fui le pays, moi, rêveur inconstant !
Un beau matin d'avril je partis en chantant,
N'ayant que mon esprit et mon cœur pour ressource :
J'ai déchiré mon cœur au début de ma course

Et mes illusions, qui me donnaient la main,
Ont laissé mon esprit errer sur le chemin.
Après m'avoir bercé dans toutes leurs magies.
Craignant comme la mort les bruyantes orgies,
Elles ont pris leur vol vers le pays natal,
Et moi j'ai poursuivi seul mon chemin fatal.

Et puis, qu'ai-je trouvé quand j'ai perdu mes rêves ?
Un désert qui n'était que roches et que grèves,
De volages amis ne donnant que la main,
Des maîtresses d'un jour — plaisirs sans lendemain!
Ami, j'ai tout perdu, tout, hormis le rosaire
Où j'égrène mes jours de splendide misère.
Là-bas sur ma montagne, au val du Vieil-Arcy,
Je chantais pour mon cœur — pour qui chanté-je ici ?
Pour tous, mais non pour moi : comme la courtisane,
Je vais me dévoilant à l'œil du plus profane;
Mon cœur est un pays ouvert à tout venant:
Hélas! qu'y trouve-t-on ? Des tombeaux maintenant!

Pour consolation, j'ai l'âme parfumée
D'un peu de poésie. Ah! mauvaise fumée,
Tu finiras bientôt par ronger l'encensoir!
Mille fois j'aimais mieux celle que, sur le soir,
Je voyais lentement couronner les vallées
De mes heures d'amour oasis dépeuplées.

LA POÉSIE DANS LES BOIS.

Et il a fui les sentiers qui chantent les vingt ans. Comme l'enfant prodigue, il a couru le monde et s'est attablé avec les courtisanes. Il s'est passionné pour ce grand siècle des contrastes qui naît à madame de Parabère et finit à Bonaparte, qui commence l'ivresse aux soupers de la Régence avec du vin de Chypre et l'achève avec du sang au festin de mademoiselle de Sombreuil. Il a mordu à toutes les pommes amères de l'arbre de la science; mais, quand il a vu décliner le soleil de sa jeunesse au travers des nues, il s'est écrié : C'est sur les bois que le ciel est clair et que le soleil luit! Et il est parti pour retremper son âme aux inspirations sacrées de la montagne et de la vallée, ces muses primitives !

AUX POETES.

DÉDIÉ A LA FONTAINE.

Quand la faulx va crier dans les foins et les seigles,
    Fuyez, poëtes ennuyés;
Libres de tout souci, prenez le vol des aigles;
    Fuyez l'autre Babel, fuyez!
Allez vous retremper dans quelque solitude,
    Au bord du bois silencieux,
Où vous retrouverez la Muse de l'Étude
    Dans la nature et sous les cieux.
Théocrite et Virgile ont soulevé la gerbe;
    S'ils chantaient la belle saison,
C'était cheveux au vent, les pieds cachés dans l'herbe,
    L'âme perdue à l'horizon.
La Fontaine suivait la Fable, sa compagne,
    Par les bois où fleurit le thym,
Dans quelque coin béni de l'agreste Champagne,
    Sur les traces de Jean Lapin.
Jean-Jacque étudiait, allant à l'aventure,
    A travers vallons et forêts;
Si toujours en son livre on sent bien la nature,
    C'est qu'il en cherchait les secrets.
Voltaire s'exila pour vivre en solitaire;

Chez lui le soc fut en honneur,
Et Buffon à Ferney surprit le vieux Voltaire
   Portant la faulx du moissonneur.
Diderot travaillait pour la grande famille,
   A l'ombre fraîche des halliers ;
Boileau, Boileau lui-même, avait une charmille,
   Des arbres et des espaliers.

Poëtes essoufflés, si vous voulez renaître,
   Si la ruche manque de miel,
Allez donc voir ailleurs que par votre fenêtre
   Ce qui se passe sous le ciel.
Que faites-vous là-bas, insensés que vous êtes?
   Enfumés comme des Lapons,
Vous contemplez le monde en lisant les gazettes,
   Et le ciel en passant les ponts.
Vous cherchez, dites-vous, l'amour et la science ;
   Vous ne trouvez que tourbillons.
L'amour! le cherchez-vous dans son insouciance ?
   Courez les prés et les sillons.
La science, insensés! la science est amère,
   C'est un fruit que Dieu nous défend ;
C'est la mort, ou plutôt c'est la mauvaise mère
   Qui n'allaite pas son enfant.

Vous vendez les faveurs de la fille d'Homère,
   La blanche Muse aux tresses d'or ;
Vous avez profané cette sainte chimère
   Qui, malgré vous, nous aime encor.
Vous vous faites marchands et vous ouvrez boutique ;
   Pour vous l'art n'est plus qu'un état ;
Si Dieu vous demandait pour lui-même un cantique,
   Il faudrait qu'il vous l'achetât!

Vous voulez des palais où l'esprit s'abandonne
    A tout ce qui brille ici-bas;
Mais le luxe du cœur, ce que le ciel vous donne,
    Aveugles, vous n'en voulez pas!
Corneille, le grand maître aux œuvres immortelles,
    Aimait le toit humble et béni,
La fenêtre où l'hiver seul suspend des dentelles,
    Où le printemps apporte un nid.

L'art succombe; l'artiste est à peine un manœuvre
    Qui sans haleine va toujours;
La petite monnaie est l'âme de toute œuvre
    Qui se fait en ces tristes jours.
Que deviennent les fleurs de ce printemps si riche
    Qui se déroulait sous nos pas?
Hélas! depuis vingt ans c'est en vain qu'on défriche,
    Car les fruits ne mûriront pas.

Fuyez ce vain éclat qui se paye à la ligne,
    Allez reposer votre esprit
Au bord de quelque bois, au pied de quelque vigne,
    Où Dieu dans la nature écrit.
Producteurs effrénés, du Créateur suprême
    Que ne suivez-vous les leçons:
Ce n'est pas en un jour qu'il écrit le poëme
    Des vendanges et des moissons.
Cybèle aux blonds cheveux, la mère si féconde,
    Sème ses trésors à pas lents;
Elle aime à s'appuyer, pour traverser le monde,
    Sur le col des bœufs indolents.

              1843 — Bruyères — au temps de la moisson.

LES BOIS.

DÉDIÉ A LA BELLE AU BOIS DORMANT.

Adieu, Paris; adieu, ville où le cœur oublie;
    Je reconnais le chemin vert
Où j'ai quitté trop tôt ma plus douce folie.
    Salut, vieux mont de bois couvert!

J'ai perdu dans ces bois les ennuis de la veille,
    J'ai vu refleurir mon printemps;
Après un mauvais rêve enfin je me réveille
    Sous ma couronne de vingt ans!

C'est au milieu des bois, c'est au fond des vallées,
    Qu'autrefois mon âme a fleuri,
C'est à travers les champs que se sont envolées
    Les heures qui m'ont trop souri!

Les heures d'espérance! adorables guirlandes
    Qui se déchirent dans nos mains
Quand nous touchons du pied le noir pays des landes,
    Familier à tous les humains.

Ignorant, je lisais gravement dans leur livre;
    Maintenant que je vais rêvant,
Dans la verte forêt mon cœur apprend à vivre;
    Déjà mon cœur devient savant.

Ne trouverai-je pas le secret de la vie,
    Seul, libre, aimant au fond des bois,
A la fête suprême où le ciel convie,
    A la source vive où je bois?

Approchez-vous un peu, visions tant aimées;
    Comme la biche au son du cor,
Vous fuyez à ma voix sous les fraîches ramées,
    Et pourtant je suis jeune encor.

Vous fuyez et pourtant vous n'êtes pas flétries;
    Sous ce beau ciel rien n'est changé;
J'entends chanter encor le pâtre en ses prairies,
    Et dans les bois siffler le geai.

Ah! ne vous cachez pas, ô nymphes virginales,
    Sous les fleurs et sous les roseaux.
Suspendez, suspendez vos courses matinales,
    Syrènes, montez sur les eaux!

Amour, Illusion, Chimère, Rêverie,
    Sans moi vous allez voyager.
Arrêtez! Vous fuyez... Adieu! Dans ma patrie
    Je ne suis plus qu'un étranger.

Il ne s'arrête pas, blondes enchanteresses,
    Votre cortége éblouissant.

Heureux sont les amants, heureuses les maîtresses,
  Qui vous effleurent en passant.

LA VOIX DE DIEU.

Je suis allé revoir l'aurore de mes jours,
L'église abandonnée où Dieu veille toujours,
Le toit aimé du ciel, abritant ma famille,
Le jardin enchanté que défend la charmille,
Ma mère qui pâlit et pleure en me voyant,
Le coin du feu si gai, si doux et si bruyant;
Mon frère l'écolier, qui récite des fables,
Les vieux chiens caressants, les serviteurs affables,
Les bocages aimés où se font les chansons,
La pervenche qui tremble aux pieds des verts buissons,
L'ombrage où l'on dansait, les chaumières qui fument
Aux bords silencieux des bois qui les parfument;
La laveuse qui jase au détour du lavoir,
Le mouton qui rumine auprès de l'abreuvoir,
La blonde paysanne allant à la fontaine,
Qui s'arrête à l'écho d'une chanson lointaine;
Le joyeux cabaret aux dehors agaçants
Dont les chants avinés allèchent les passants;
Et ce champ de luzerne où, tout effarouchée,
Cécile sur mon cœur vous vous êtes cachée!
Et je ne voyais rien. « Ah! me suis-je écrié,
« Tu n'as plus ton autel, église où j'ai prié!
« Qu'es-tu donc devenue, ô joyeuse alouette?
« Je n'entends plus ici chanter que la chouette.
« L'épine du buisson déchire les bouquets,

« Le givre de décembre effeuille les bosquets ;
« Tout est morne et désert, mon âme désolée
« Comme une ombre éperdue erre dans la vallée ;
« Et pas une chanson qui vienne la ravir !
« O vieux rochers rêveurs, que j'aimais à gravir,
« Étang silencieux que l'hirondelle effleure,
« O beaux arbres, témoins des printemps que je pleure,
« Qu'êtes-vous devenus ? l'ombre vous a couverts,
« Vous vous êtes flétris sous le ciel des hivers. »

Mais un divin rayon a chassé les ténèbres,
Et le bon Dieu m'a dit : « Point de clameurs funèbres,
« Poëte ! Le bocage est vert comme autrefois
« Et les petits oiseaux n'ont point perdu leur voix ;
« Comme autrefois encor la paysanne est gaie,
« Sur le seuil de la porte où son enfant bégaie ;
« Dans l'église gothique on va toujours prier ;
« Sur le gazon touffu, le vieux ménétrier
« Mène encor vaillamment sa ronde fantastique,
« Et fait chanter les cœurs sous son archet rustique.
« De ton pays l'Amour ne s'est pas envolé ;
« Toi seul tu n'aimes plus, poëte désolé ! »

Le soir sur la montagne.

LA FONTAINE.

DÉDIÉ A BRAUWER.

Il est une claire fontaine,
Qui murmure nonchalamment
Non loin d'un cabaret flamand.

7

Le soir, dès que l'ombre incertaine
A jeté ses voiles flottants
Sur la vieille épaule du Temps ;

Quand l'abeille rentre à la ruche,
La Flamande portant sa cruche
Y va rêver à son amant.

Son amant, dans l'ombre incertaine,
Vient s'enivrer à la fontaine
Bien mieux qu'au cabaret flamand.

SYMPHONIE D'AVRIL.

DÉDIÉ A RUYSDAEL.

Le printemps ! le printemps ! la magique saison !
Le ciel sourit de joie à la jeune nature,
L'aube aux cheveux dorés s'éveille à l'horizon,
Dieu d'un rayon d'amour pare sa créature.

Avril a secoué le manteau de l'hiver ;
Les marronniers touffus dressent leurs grappes blanches :
Partons ; le soleil luit et le chemin est vert,
Les feuilles et les fleurs frémissent sur les branches.

La brise, fraîche encor, caresse les ormeaux ;
Le pommier tremble et verse une pluie odorante ;
Dans sa sève, le pampre étend ses verts rameaux
Et promet une grappe à la coupe enivrante.

La chaumière qui fume a pris un air vivant,
A l'espoir des moissons elle vient de renaître;
Le pâle liseron grimpe à son contrevent;
Pour voir le blé qui pousse, elle ouvre la fenêtre.

Au bout de ce vieux parc, dans l'étang du château,
Un groupe épanoui se promène en nacelle :
Que de grâce! On dirait un pastel de Watteau,
Où l'Amour se suspend, où l'esprit étincelle.

Dans le lointain brumeux, un vieux clocher flamand
S'élève avec notre âme aux régions divines,
Tandis qu'un doux signal, un joyeux aboiement,
Nous appelle à la ferme, au-dessus des ravines.

Dans les prés reverdis le troupeau reparaît :
Le jeune pâtre chante et sculpte une quenouille,
La vache qui nous voit jette un regard distrait,
Le grand bœuf nonchalant sommeille et s'agenouille.

A deux pas du troupeau, par les chiens arrêté,
Sous le pommier en fleur que fait neiger la brise,
Une blanche génisse au beau flanc tacheté
Nous regarde passer, curieuse et surprise.

Que cachent ces haillons sur le bord du ruisseau?
Un jeune vagabond secouant sa misère,
Émiettant son pain bis pour son ami l'oiseau,
Et de sa vie oisive égrenant le rosaire.

Auprès du vagabond un beau narcisse blanc
A mon esprit rêveur rappelle encor la fable;

Car il mire dans l'eau son calice tremblant,
Et semble s'égarer dans un songe ineffable.

Traversons ce sainfoin, cette avoine, et montons
Par ce chemin désert que le torrent ravage ;
Gravissons la colline où vaches et moutons
S'éparpillent gaiement dans le trèfle sauvage.

Du haut de ces rochers que nos regards errants
Se perdent çà et là dans la fraîche vallée,
Le long des clairs ruisseaux, sur les blés odorants,
Vers le bois assombri par une giboulée.

La blonde au teint bruni qui lave dans le gué
Chante un vieil air de mai d'une voix printanière ;
Au bout de son sillon, le cheval fatigué
L'écoute, et, hennissant, agite sa crinière.

Allons nous reposer à l'ombre du sentier,
Respirons en passant cette aubépine amère ;
Sous le sureau sauvage abritant l'églantier,
Cueille sans l'attrister une pâle éphémère.

L'hiver avait glacé mon cœur sous son linceul,
Je voyais s'effeuiller l'arbre des espérances ;
Je n'attendais plus rien du monde où j'étais seul,
Et je prenais la main de mes sœurs les souffrances.

Le printemps en mon cœur revient après l'exil,
Ramenant sur ses pas mille blanches colombes,
Et mon cœur refleurit au doux soleil d'avril :
L'herbe n'est-elle pas plus verte sur les tombes ?

LE PREMIER GIVRE.

L'hiver est sorti de sa tombe,
Son linceul blanchit le vallon;
Le dernier feuillage qui tombe
Est balayé par l'aquilon.

Nichés dans le tronc d'un vieux saule,
Les hiboux aiguisent leur bec;
Le bûcheron sur son épaule
Emporte un fagot de bois sec.

La linotte a fui l'aubépine,
Le pinson n'a plus un rameau;
Le moineau va crier famine
Devant les portes du hameau.

Le givre que sème la bise
Argente les bords du chemin;
A l'horizon la nue est grise :
C'est de la neige pour demain.

Une femme de triste mine
S'agenouille seule au lavoir
Un troupeau frileux s'achemine
En ruminant vers l'abreuvoir.

Dans cette pauvre solitude,
La mère, agitant son fuseau,
Regarde avec inquiétude
L'enfant qui dort dans le berceau.

7.

Par ses croassements funèbres
Le corbeau vient semer l'effroi ;
Le temps passe dans les ténèbres ;
Le pauvre a faim, le pauvre a froid.

Et la bise, encor plus amère,
Souffle la mort. — Faut-il mourir ?
La nature, en son sein de mère,
N'a plus de lait pour le nourir.

TABLEAU DE GENRE.

Là-bas, à l'ombre des ramures,
Où le ramier bleu fait son nid,
La voyez-vous cueillant des mûres,
La moissonneuse au sein bruni ?

Se croyant seule, elle dénoue
Et répand ses cheveux dorés,
Qui voilent à demi sa joue
Sans cacher ses yeux azurés.

Qu'elle est belle ! quand elle tresse
Sa blonde gerbe de cheveux,
Jetant au vent qui la caresse
Les désirs d'un cœur amoureux !

Mais, sa faucille sur l'épaule,
Elle rejoint, tout en chantant,

Le moissonneur qui sous le saule
Aiguise sa faulx et l'attend.

LA TERRE AU CIEL.

DÉDIÉ A WATTEAU.

Un rayon de soleil se brise
Sur la branche et sur les buissons.
Je m'assieds à l'ombre où la brise
M'apporte parfums et chansons :

Parfum de la fraise rougie
Qui tremble sur le vert sentier;
Chanson — palpitante élégie —
De l'oiseau sur le chêne altier;

Parfum de la rose sauvage,
Doux trésor du pâtre amoureux;
Chanson égayant le rivage,
Qui parle à tous les cœurs heureux;

Parfum du trèfle qui se fane
Et pénètre au travers du bois;
Chanson d'une bouche profane
Qui met plus d'un cœur aux abois;

Parfum de la source qui coule
Dans un lit de fleurs ombragé;

Chanson du ramier qui roucoule,
Et me chante l'amour que j'ai;

Parfum de l'herbe qui s'emperle
A la brume des soirs d'été;
Chanson éclatante du merle,
Qui bat de l'aile en sa gaieté;

Parfum de toute la nature,
Fleur, arome, ambroisie et miel;
Chanson de toute créature,
Qui parle de la terre au ciel.

———————————

LES MOISSONNEURS.

DÉDIÉ A NICOLAS POUSSIN.

PROLOGUE.

Le bouvreuil leur disait sa joyeuse chanson,
L'amour leur souriait dans le même horizon.
Ils allaient, secouant du pied thym et rosée;
Le soleil, s'échappant de la nue irisée,
Répandait ses rayons; la vache, au bord de l'eau,
S'agenouillait dans l'herbe à l'ombre du bouleau.
La brume s'élevait des vignes sablonneuses;
Dans le creux du vallon les jeunes moissonneuses
S'éparpillaient déjà; le chariot du fermier
Effeuillait en passant la branche du pommier;
Les bois chantaient en chœur; le ciel et la nature
Souriaient ardemment à toute créature,
On sentait passer Dieu, le maître souverain,
Dans ce clair paysage à la Claude Lorrain.

HYACINTHE, SUZANNE.

SUZANNE, interrompant Hyacinthe.

Nous parlerons ailleurs du diable et de ses cornes;

C'est battre la campagne et dépasser les bornes.

HYACINTHE.

Lève bien la javelle, et prends garde surtout
D'égrainer trop l'épi ; c'est qu'il est mûr partout !
Entends-tu résonner ma faulx à chaque gerbe ?
Le beau blé ! pas d'ivraie et pas un seul brin d'herbe !
Le ciel et la nature ont béni les moissons.

SUZANNE, écoutant battre son cœur.

Qu'entends-je ?

HYACINTHE.

Le verdier là-bas dans les buissons,
L'alouette qui monte et se perd dans les nues,
Un écho qui nous vient des chansons inconnues,
Le doux roucoulement des bandes de pigeons
Qui vont battre de l'aile au-dessus des ajoncs.
— Ah ! mon Dieu !

SUZANNE.

Qu'as-tu donc ? que vois-tu sous la haie ?
Peut-être une couleuvre ? Ah ! que cela m'effraie !
Pourquoi te vois-je ainsi, pâle, triste, muet ?

HYACINTHE.

Un souvenir d'amour, vois plutôt ce bleuet,
Le seul qui reste encor ! — Quand je t'ai couronnée...

SUZANNE.

Ah ! je m'en souviens trop ! La couronne est fanée.
Mais je la vois toujours plus fraîche que jamais.
Quand tu m'as couronnée, ah ! ciel, que tu m'aimais !
Je me croyais alors la reine du village.

HYACINTHE.

Était-ce de l'amour ou de l'enfantillage ?

SUZANNE.

Si c'était de l'amour ? — Rentrée à la maison,
J'accrochai ta couronne à la vieille cloison,

Au-dessus de mon lit et sous un Christ d'ébène,
Qui protége mon cœur en ses heures de peine;
Près d'un rameau de buis qui me préserve bien
De tous les feux du ciel; mais qui ne peut plus rien
Contre l'amour. — Mon Dieu! pour moi, c'est un rosaire
Que je baise et consulte en mes jours de misère.
— Sais-tu ce que je fais quand je doute de toi?

HYACINTHE.

Tu pleures!

SUZANNE.

   Tu vas rire et te moquer de moi :
Je reprends ta couronne et la mets sur ma tête,
Et soudain je retourne à ce beau jour de fête;
Tout mon chagrin s'en va, tout mon bonheur revient,
Ce matin encor... vois, mon cœur qui s'en souvient!

(Elle prend la main d'Hyacinthe et l'attire sur son cœur.)

Ton nom est gravé là bien mieux que sur l'écorce.

HYACINTHE

Qu'as-tu fait? pour faucher, mon bras n'a plus de force.

SUZANNE.

A l'œuvre! à l'œuvre, Hyacinthe! Et qu'au soleil couchant
Un seul épi debout ne reste dans ce champ.

HYACINTHE.

Je ne faucherai pas ce bleuet, qui réveille
Un si doux souvenir! c'est comme une merveille;
Je dépose ma faulx, je vais te le cueillir.

SUZANNE.

Rien qu'à voir un bleuet je me sens tressaillir.
Si ton amour n'était qu'un amour de passage?

HYACINTHE, regardant.

Où vais-je le planter? au sillon du corsage?

SUZANNE, rougissant.

Plutôt dans mes cheveux.

HYACINTHE, plaçant le bleuet.

              Quel beau cou nonchalant!
Qui peut le garantir d'un soleil si brûlant?

SUZANNE.

Finissez donc! voilà ma faucille par terre.

HYACINTHE.

Suzanne, ton amour est un feu qui m'altère.
Un baiser sur ta joue ou de l'eau dans ta main?

SUZANNE.

La fontaine est là-bas, à deux pas du chemin.

HYACINTHE.

Allons-y; l'ombre est douce au cœur, dit le proverbe.

SUZANNE.

Le proverbe est bien fou! moi, je reste à ma gerbe;
Ne perdons pas de temps, par un si beau soleil;
D'ailleurs, sur notre amour nous donnerions l'éveil.

HYACINTHE, l'entraînant.

Pourquoi me refuser cette main pour y boire?

SUZANNE.

Si l'on nous rencontrait, on ferait une histoire.

HYACINTHE.

J'aime ce clair ruisseau qui murmure tout bas
Vois-tu les gais bouvreuils y prendre leurs ébats?
L'hirondelle en criant y vient baigner ses ailes,
La mésange y poursuit les brunes demoiselles;
Quel baume printanier la verveine y répand!

SUZANNE.

Comme il va de travers! on dirait un serpent :
Ton amour est ainsi, changeant toujours de masques,
Toujours se détournant; amour des plus fantasques!

HYACINTHE.

L'amour qui va tout droit ne fait pas son chemin.

SUZANNE.

Voyons, dépêche-toi de boire dans ma main ;
On n'a pas vu souvent pareille fantaisie.

(Elle puise de l'eau, Hyacinthe boit.)

HYACINTHE.

L'eau, dans la douce main, se change en ambroisie.

SUZANNE.

Qu'est ce que l'ambroisie ?

HYACINTHE.

                Une liqueur du ciel,
Meilleure que le vin, que le lait et le miel.

SUZANNE.

Qui donc t'a dit cela ?

HYACINTHE.

              Je ne sais. Un vieux livre.
Mais je ne boirai plus ; voilà que je m'enivre
Comme si j'avais pris à ta bouche un baiser.
Que je boirais longtemps sans pouvoir apaiser
Ma soif toujours ardente, ô ma chère maîtresse !
Cette soif est au cœur. Ah ! verse-moi l'ivresse !

——————

Dans l'agreste roman je n'irai pas plus loin.
Sur le bord du ruisseau verdoyait le sainfoin,
Le vieux Pan soupirait dans les roseaux fragiles ;
Aux portes du hameau, les glaneuses agiles
Criaient ; sur le coteau répondait le berger ;
L'écolière aux yeux bleus mouillait son pied léger
Dans le sentier du bois, où la fraise était mûre,
Où le merle sifflait, perché sur la ramure,
Sa gamme fraîche ; enfin, partout joie et chanson !
— Mais Suzanne ? — Suzanne était à la moisson...
Moisson du cœur, moisson d'amour, gerbe ravie
Au rivage divin pour embaumer la vie !

8

SONNETS.

VOYAGE AU PARADIS.

On était aux beaux soirs de la belle saison :
La cigale en chantant dansait sur la prairie,
La rosée emperlait la luzerne fleurie,
Déjà le ver-luisant étoilait le gazon ;

Nous avions dépassé la rustique maison,
Notre barque fuyait avec ma rêverie,
Et ta main dans la mienne, ô ma blanche Égérie !
Nous nous laissions aller vers un doux horizon.

C'était l'heure sereine où toute créature
Prend sa part de la vie, ô féconde nature :
L'oiseau dans sa chanson, l'abeille dans son miel ;

Je prenais un baiser par chaque coup de rame,
Et comme un pur encens qui monte dans le ciel,
Le parfum de l'amour s'envolait de notre âme.

A LÉLIA.

O fille de l'amour et de la liberté !
O folle Madeleine, ô pécheresse austère !
Ton front est dans le ciel, ta bouche est sur la terre,
Reine de poésie et reine de beauté !

Ton génie adorable est un arbre enchanté
Qui déjà donne un fruit dont le suc nous altère,
Quand il secoue encore aux abords d'un cratère
Une neige de fleurs pleines de volupté.

Nouvel ange déchu, nouvelle Ève punie,
O femme par le cœur, homme par le génie,
Chante, il en est plus d'un qui t'écoute à genoux.

Quand le souffle du monde aura brisé ton aile,
Quand tu seras tombée en la nuit éternelle
Une étoile de plus rayonnera sur nous.

LES DEUX SIÈCLES.

DÉDIÉ A VOLTAIRE.

Notre siècle est plus grand que le siècle passé ;
Le Christ est revenu, la couronne d'épines
Arrose encor nos cœurs de ses gouttes divines ;
Le rire de Voltaire a pour jamais cessé.

O galant Crébillon! ton trône est renversé :
On ne feuillette plus les pages libertines
Sur un sofa doré, tout en faisant des mines
A l'abbé qui débite un sermon insensé.

La Nature aujourd'hui, voilà l'enchanteresse!
On poursuit dans les bois l'ombre de sa maîtresse ;
Le poëme du cœur est le roman qu'on lit.

Maintenant que l'Amour refleurit sur la terre,
On aime sous le ciel; au bon temps de Voltaire,
Le ciel des amoureux, c'était le ciel du lit.

LA MUSE.

Pour chanter sous le ciel ce que j'ai dans le cœur,
Je demandais un luth à la muse amoureuse,
Quand ma jeune beauté vint, fraîche et savoureuse,
S'asseoir sur mes genoux avec un air moqueur.

— Pour accorder ainsi la raison et la rime,
Ah! que de temps perdu dans les jours précieux ;
C'est chercher le soleil quand la nuit est aux cieux :
Crois-moi, ne lasse pas ton cœur à cette escrime.

Enfant, où t'en vas-tu prendre la poésie!
Ma bouche n'est donc pas la coupe d'ambroisie?
Va, suspends-y ta lèvre, enivre, enivre-toi!

La plus belle chanson ne vaut pas, mon poëte,
Un baiser éloquent sur ma bouche muette :
La lyre, c'est l'Amour, et la Muse, c'est moi.

LES QUATRE SAISONS.

Sonnet, que chantes-tu ? — Je chante les saisons :
LE PRINTEMPS en sa fleur est l'amoureux poëte
Qui souffle dans les luths de la forêt muette
Depuis les chênes verts jusqu'aux neigeux buissons.

L'ÉTÉ, c'est un penseur que tous les horizons
Appellent. Il s'éveille aux chants de l'alouette,
On voit jusques au soir flotter sa silhouette,
Car il recueille encor la gerbe des moissons.

L'AUTOMNE est un critique effeuillant la ramure
Pour voir le tronc de l'arbre et rêver sous le houx;
L'aveugle! il ne voit pas que la vendange est mûre.

L'HIVER, un misanthrope, un spectateur jaloux
Qui siffle avec fureur, dans l'ouragan qui brame,
Les roses, les épis, les raisins et son âme.

VOYAGE EN HOLLANDE.

DÉDIÉ A REMBRANDT.

I.

J'ai traversé deux fois le pays de Rembrandt,
Pays de matelots — qui flotte et qui navigue, —
Où le fier Océan gémit contre la digue,
Où le Rhin dispersé n'est plus même un torrent.

La prairie est touffue et l'horizon est grand ;
Le Créateur ici fut comme ailleurs prodigue...
— Le lointain uniforme à la fin nous fatigue,
Mais toujours ce pays m'attire et me surprend.

Est-ce l'œuvre de Dieu que j'admire au passage ?
Pourquoi me charme-t-il, ce morne paysage
Où mugissent des bœufs agenouillés dans l'eau ?

Oh ! c'est que je revois la nature féconde
Où Rembrandt et Ruysdaël ont créé tout un monde ;
A chaque pas ici je rencontre un tableau.

II.

Je retrouve là-bas le taureau qui rumine
Dans le pré de Paul Potter, à l'ombre du moulin ;
— La blonde paysanne allant cueillir le lin,
Vers le gué de Berghem, les pieds nus, s'achemine.

Dans le bois de Ruysdaël qu'un rayon illumine
La belle chute d'eau ! — Le soleil au déclin
Sourit à la taverne où chaque verre est plein,
— Taverne de Brauwer, que l'ivresse enlumine.

Je vois à la fenêtre un Gérard Dow nageant
Dans l'air ; — plus loin Jordaens : — les florissantes filles !
Saluons ce Rembrandt si beau dans ses guenilles !

Oui, je te connaissais Hollande au front d'argent ;
Au Louvre est ta prairie avec ta créature ;
Mais dans ces deux aspects où donc est la nature ?

III.

Le grand peintre est un dieu qui tient le feu sacré ;
Sous sa puissante main la nature respire :
Ne l'entendez-vous pas, sa forêt qui soupire ?
Ne la sentez-vous pas, la fraîcheur de son pré ?

Comme aux bords du canal, sous ce ciel empourpré,
La vache aux larges flancs parcourt bien son empire !

Dans cet intérieur comme Ostade s'inspire !
Gai tableau qui s'anime et qui parle à son gré

Pays doux et naïf dont mon âme est ravie,
Oui, tes enfants t'ont fait une seconde vie,
Leur souvenir fleurit la route où nous passons.

Oui, grâce à leurs chefs-d'œuvre, orgueil des galeries,
La poésie est là qui chante en tes prairies,
Comme un soleil d'été sourit à nos moissons.

VISIONS DANS LA FORÊT.

DÉDIÉ A PLATON.

J'étais dans la forêt, rêvant au pied d'un frêne :
Une femme passa, fière comme une reine.
— Qui donc es-tu, lui dis-je en lui prenant la main,
Toi que j'ai vue hier, que je verrai demain,
Tantôt sous les cyprès et tantôt sous les roses,
Tantôt triste ou joyeuse en tes métamorphoses?

D'une voix fraîche et pure elle me répondit :
« Je suis un ange errant qu'on aime et qu'on maudit.
Depuis des jours sans fin que je parcours la terre,
Pour moi-même je suis un étrange mystère;
Mais tu verras bientôt passer dans la forêt
Trois femmes qui toujours ont porté mon secret. »
Elle dit et s'enfuit plus vive et plus légère
Que la biche aux doux yeux qui court sous la fougère.

Je rêvais; cependant sur le même chemin
Une femme apparut; la neige et le carmin
Se disputaient l'éclat de sa jeune figure.
« Salut, toi qui souris, sois-moi d'un bon augure!
Femme, dis-moi ton nom. — Mon nom est dans ton cœur. »
Elle dit, et s'enfuit avec un air moqueur.

Une autre la suivit, pâle et contemplative.
« Et toi, qui donc es-tu ? » Comme la sensitive
Qui craint d'être touchée, elle prit en passant
Un timide détour sous l'arbre jaunissant.
Mais je la poursuivis. « Qui donc es-tu, de grâce;
Femme, dis-moi ton nom, ou je suivrai la trace.
— Abeille du Très-Haut, je vais cherchant mon miel
Dans la mystique fleur que Dieu cultive au ciel. »

Une autre femme encor passa sous le vieux arbre.
En la voyant venir, je me sentis de marbre;
Un hibou la suivait, un sinistre corbeau
Annonçait son passage; une odeur de tombeau
S'exhalait de ses pas. « Ton nom? — Je suis ta mère;
Suis-moi, ferme ta bouche à toute source amère,
L'abîme où je descends n'est pas une prison;
C'est le sombre chemin d'un plus grand horizon. »

Riantes visions et visions austères :
Qu'avais-je vu passer? La VIE et ses mystères,
L'AMOUR qui nous promène en ses mille Alhambras,
La FOI qui vers le ciel lève en priant ses bras,
La MORT qui des douleurs du monde nous délivre
Et de l'éternité nous vient ouvrir le livre.

LA MORT.

DÉDIÉ A GIOTTO.

Moissonneuse éternelle en la vallée humaine,
Qui n'as pas de repos au bout de la semaine,

Qui fauches sans relâche et ne sèmes jamais,
Où donc as-tu porté les épis que j'aimais?
O géante maudite aux mamelles pendantes,
Vieille fille ennuyée aux colères ardentes,
Ange déchu, de tous le plus vengeur de Dieu,
Qui ne dis qu'un seul mot, un mot terrible : Adieu!
Sois maudite à jamais, car ton arme fatale
A coupé trop de fleurs sur ma rive natale.

Ton arme est une faulx, ton sceptre un os séché,
L'orfraie annonce seul ton passage caché;
Quand tu ris, on entend le marteau sur la bière,
Juive errante, vivant de pleurs et de poussière.

Pourtant le cimetière est doux et verdoyant;
Ce pommier généreux, au feuillage ondoyant,
A des fleurs en avril et des fruits en automne;
L'oiseau vient y chanter, le soleil y rayonne.
Ici point de maisons sans fenêtre et sans seuil
Où l'on scelle les morts pour montrer son orgueil;
Point de colonne en marbre et d'épitaphe vaine,
Mais de l'herbe bénie où fleurit la verveine.

Dieu veuille qu'on m'enterre auprès d'un mort aimé,
Non loin du frais enclos où mon cœur fut charmé.
Aux carillons joyeux, à tous les jours de fête,
Réveillé dans la tombe et soulevant la tête,
N'entendrai-je donc pas le doux cri des enfants
S'ébattant sur mes os comme de jeunes faons?
Le bruit des encensoirs, le chant grave et rustique
S'échappant du portail de l'église gothique?
La ronde du village et le gai violon
Appelant au plaisir tous les cœurs du vallon?

Pour aller à l'autel le jour de l'hyménée,
La vierge passera, triste, pâle, inclinée
Sur l'herbe de ma fosse, où j'aurai le matin
Les pleurs de la rosée et les senteurs du thym.

ADIEU.

Bois où je voudrais vivre, il faut vous dire adieu !

Depuis l'aube égayant les moissons ondoyantes
Jusqu'au soleil pâli des vendanges bruyantes,
J'ai voulu contempler le grand œuvre de Dieu

Au bois j'ai vu passer, avec ma rêverie,
L'antique Chasseresse et la blanche Égérie ;
J'ai vu faucher le trèfle à l'ombre du moulin ;

J'ai vu dans les froments la moissonneuse agile,
Telle que la chantaient Théocrite et Virgile,
Presser la gerbe d'or sur son corset de lin ;

J'ai vu, quand les enfants se barbouillaient de mûres,
La vendangeuse aller aux grappes les plus mûres
Et répondre aux amants par un rire empourpré ;

Le vin coule au pressoir, le vigneron est ivre ;
Le regain est fauché ; j'ai vu le premier givre
Frapper le bois ; la neige ensevelit le pré ;

Je pars, je vais revoir l'Amitié qui m'oublie,
Ton peintre et ton poëte, ô charmante Ophélie,
Beau rêve de Shakspeare en ces deux cœurs tombé ;

Sainte-Beuve qui pleure un autre Sainte-Beuve,
Hugo, Vigny, Musset, belles urnes du fleuve,
Qui versent l'ambroisie aux rêveurs comme Hébé.

9

Gérard le voyageur m'écrira du Méandre,
Valbreuse me dira je suis le beau Léandre,
Le poëte d'Ariel me parlera du Rhin.

Gautier, d'un fourreau d'or tirant un paradoxe,
Viendra te battre en brèche, ô sottise orthodoxe!
De Philine et Mignon je rouvrirai l'écrin.

Esquiros, cet apôtre armé de l'Évangile,
Bâtira sous mes yeux son église fragile
Avec Saint-Just pour saint et pour Dieu Jésus-Christ

Lafayette, amoureux de poésie ardente,
Me rouvrira l'enfer de son aïeul le Dante;
Janin, frappant son cœur, dira : Ci-gît l'esprit!

Lamartine au banquet de Platon me convie;
Sandeau me relira le roman de sa vie ;
Grisi me versera les perles de sa voix

Comme un vin pétillant. Et, s'il pleut ou s'il neige,
J'irai voir le soleil au Louvre dans Corrége,
Ou dans votre atelier, Diaz, Decamps, Delacroix !

Oui, je retourne à toi, poétique Bohême,
Où dans le nonchaloir on fait un beau poëme
Avec un peu d'amour tombé du sein de Dieu.

Bois où je voudrais vivre, il faut vous dire adieu !

1843. — Bruyères. — Après les vendanges.

POEMES ANTIQUES

FRESQUES ET BAS - RELIEFS

TABLEAUX ET PASTELS

Et, après avoir pris la poésie pour sa vie plutôt que pour ses vers, il s'est réfugié dans l'art comme dans un temple austère. Après avoir tendu les bras vers l'avenir, il les a ouverts sur le passé. Il a feuilleté mille fois le livre d'or des Grecs et des Italiens écrit sous Aspasie et sous Michel-Ange. Il n'a aimé ni les Romains du siècle d'Auguste, ni ceux du siècle de Louis XIV. Il a le mal du pays, car son pays c'est un autre temps. Il va, il va — il faut toujours aller! — cherchant son pays ou son idéal dans les fresques et les bas-reliefs de l'Antiquité et de la Renaissance.

PANTHÉISME.

LE SECRET DU SPHINX.

J'ai tout vu : la luxuriance
M'a couronné dans mes vingt ans ;
Mais je cherche encor la science
Sous l'arbre aux rameaux irritants.

Dans ma jeunesse océanesque,
Je connais la terre et le ciel
Pour la volupté rembranesque,
Et l'amour immatériel ;

J'allais sur la nue irisée
Vivre comme un aérien,
Poursuivant ma blanche épousée
Au contour euphanorien ;

Ou bien fuyant l'idéalisme,
Que j'ai tant recherché depuis,
Je saisissais le réalisme
Tout ruisselant de l'eau du puits.

9.

Souvent envolé sur un rêve,
Rouvrant le Paradis perdu,
Sous l'arbre j'ai surpris mon Ève
Rêveuse après avoir mordu.

J'ai vu partout ton lait, Cybèle,
Surtout sous le pampre lascif,
Verts rameaux, savoureuse ombelle,
Où l'amour n'est jamais oisif.

Des visions du vieil Homère,
J'ai peuplé tous les Alhambras.
— Païenne ou biblique chimère,
Vous m'avez brisé dans vos bras!

Pour m'enivrer, je l'ai saisie
La coupe d'or aux mains d'Hébé;
Mais de mes yeux dans l'ambroisie
Ah! que de larmes ont tombé!

J'ai vu Rachel à la fontaine,
Judith, Suzanne et Dalilah;
J'ai surpris la Samaritaine
Au puits où Dieu la consola.

Madeleine la pécheresse,
Avec passion je l'aimai,
Et Diane la chasseresse
D'un vert amour du mois de mai.

Diane! je me suis fait pâtre
Pour voir tes pieds nus sur le thym!

— D'Aspasie et de Cléopâtre
J'ai rallumé le cœur éteint.

J'ai lu les pages savoureuses
Du beau roman vénitien
Dans le regard des amoureuses
De Giorgione et Titien.

J'ai trouvé la cythéréenne
Dorée au flanc comme un raisin,
Et la pâle hyperboréenne
Ciel dans les yeux et neige au sein.

Ouïssant chanter les syrènes,
J'ai couru cent fois l'Archipel;
Mais, dans le pays des Hellènes,
Nul ne répond à mon appel.

Vainement je me passionne
Pour la sagesse des anciens,
La Minerve de Sicyone
Garde leurs secrets et les siens.

O mon esprit, quand tu t'enivres,
Mon cœur est toujours étouffé,
Comme la science en ces livres
Dont j'ai fait un auto-da-fé.

Dieux visibles et dieux occultes,
Du Paradis au Phlégéton,
J'interroge en vain tous les cultes
Depuis l'autel jusqu'au fronton.

Quand je suis avec les athées,
Je vois rayonner Dieu partout;
Et devant les marbres panthées
Je m'incline et j'adore TOUT.

J'ai reconnu l'autel antique
Avec Platon au Sunium;
Mais j'ai vu l'église gothique,
Et j'ai chanté le *Te Deum*.

Michel-Ange devant sa fresque
M'ouvre un ciel sombre et radieux;
Mais Phidias me prouve presque
Que tous ses marbres sont des dieux.

Rabbin, prophète, oracle, brahme,
Les sybilles de la forêt,
L'eau qui chante, le vent qui brame
Ne m'ont jamais dit le secret.

J'ai lu jusqu'aux hiéroglyphes;
J'ai couru jusqu'au Labrador;
J'ai, dans le jardin des califes,
Dérobé la tige aux fleurs d'or.

Sur les ailes du vieux Saturne,
J'ai cueilli tout fruit où l'on mord;
Mais je commence à sculpter l'urne
Où croissent les fleurs de la mort.

La Vérité — la Poésie
Laissent mon cœur inapaisé,

Et devant le vieux Sphinx d'Asie,
Je vais sur le vent alisé.

« Sphinx, révèle-moi le mystère ?
Faut-il vivre au ciel éclatant
Avec son âme, ou sur la terre
Avec son corps toujours flottant. »

Le Sphinx daigne m'ouvrir son livre
A la page de la raison :
C'est dans sa maison qu'il faut vivre
La fenêtre sur l'horizon.

La maison, c'est mon corps. La joie
Y fleurit comme un pampre vert;
La fenêtre où le jour flamboie,
Ce sont mes yeux : le ciel ouvert !

LES SYRÈNES.

RHYTHME PRIMITIF.

I.

Elles sont toutes là : Agœophone, Pisinoé, Ligye, Molpo, Parthénope; les unes nées des baisers de la mer sur le rivage et des baisers du soleil sur la vague amoureuse; les autres nées des danses de Terpsichore sur le fleuve Achéloüs.

Les syrènes sont sorties de la mer en chantant, quand Vénus a secoué les perles de son sein, son sein doux au regard et à la bouche comme une pêche des vergers de l'Olympe.

Elles sont là, « perfides comme l'onde, » groupées sur une île flottante, appelant à elles les lointains passagers.

Celles qui, couronnées de perles et d'herbes marines, sont au sommet du rocher, jouant de la flûte et de la lyre, ce sont les *Vierges de l'Idéal*. Elles chantent les songes de la Poésie ; elles voudraient entraîner les passagers dans les pays d'outre-mer, où l'Idéal pose ses pieds de feu et ses ailes de neige.

Leurs yeux bleus parlent du ciel, leurs cheveux blonds parlent du soleil.

Celles qui, couronnées de perles et de pampre vert, sont renversées contre les herbes fleuries du rocher, les voyez-vous tendre les bras et chanter : « Accourez, car nous sommes les *Passions humaines*, nous sommes belles et savoureuses ; nous enchaînons le monde dans nos bras de neige et dans nos chevelures d'ébène.

Celles qui, couronnées de corail éclatant comme la braise, sont couchées sur l'eau, enivrées par la mer comme les bacchantes par la grappe foulée, ce sont les *Voluptés furieuses*, — charmantes et cruelles.

Celles-là ne chantent pas ; mais les flots amoureux chantent en les baisant d'une lèvre humide.

II.

LA CHANSON DES SYRÈNES.

Nous sommes les Achéloïdes. Non loin du trône d'or, nageant dans l'azur où l'Amour sourit et répand des roses, nous chantons avec les vents et les vagues.

Nous écrivons nos hymnes sur la mer; mais les dieux jaloux effacent tous les jours nos hymnes.

Passagers, qui voulez courir d'un monde à l'autre, arrêtez-vous dans notre palais : nous versons, dans une coupe d'argent, les chastes délices et les altières voluptés.

Nous racontons toutes les joies mystérieuses de Vénus; car nous avons assisté au banquet des dieux : — les dieux qui s'égaient quand Hébé leur verse l'ambroisie.

Nous enseignons la Paresse qui aime l'Amour, l'Orgueil qui veut escalader le ciel, toutes les Passions tendres et violentes.

Lachésis, fille de Jupiter, laisse pendre dans nos mains le fil de ta vie, ô voyageur! Viens à nous, et nous endormirons les douleurs sur notre sein.

Quand on nous a entendues, notre chant s'attache au cœur. Ulysse lui-même était pris par cette chaîne de roses.

Mais Ulysse, attaché au mât du vaisseau par des chaînes de fer, ne pouvait accourir à nous. Ulysse fuyait lâchement devant les Passions.

III.

Cependant le passager vient, ébloui par la beauté, enivré par la chanson des Syrènes.

Il se précipite au sommet du rocher, à travers les herbes, — les herbes fleuries qui lui déchirent les pieds jusqu'au sang. — Il veut saisir les *Vierges de l'Idéal*, mais elles s'évanouissent dans la vague qui passe. Il tombe dans les bras des *Passions humaines*, qui le poussent tout meurtri dans les bras insatiables des *Voluptés furieuses*, — les louves et les lionnes sombres et rayonnantes.

Il croit sourire à la vie, mais la mort est là qui veille sur les folies de son cœur.

Les Syrènes ce sont les Passions de la vie, — adorables, folles et cruelles; — le vrai sage les traverse sans se faire enchaîner au mât du vaisseau; — le poëte ne les fuit pas comme le vieil Ulysse; il se jette éperdûment dans leurs bras, il s'enivre de leurs chansons; il creuse sa tombe avec elles.

Car le poëte dit que la sagesse est stérile, surtout quand elle se nomme Pénéloppe et qu'elle enfante Télémaque.

LE SANG DE VÉNUS.

La blonde Cythérée aux lèvres savoureuses,
Dont vous léchiez les pieds, panthères amoureuses!
Dont la chaste Diane enviait les autels,
Celle que révéraient même les immortels,
Idéal adoré de Phidias et d'Homère,
Nonchalante Vénus, fille de l'onde amère,
Vénus au sein de neige où fleurit le désir,
Votre reine, ô rêveurs qui vivez de loisir!
Celle qui fuyait Cypre et ses ardents rivages,
Pour s'envoler aux bords des fontaines sauvages
Où reposait le pâtre aussi beau que les dieux;
La Vénus d'Ionie, aux regards radieux,
Par le rapsode grec chastement couronnée,
— Quand elle fut atteinte en protégeant Énée,
Les Heures l'entouraient, les mains pleines de fleurs.
Dès que le sang jaillit, tous les yeux sont en pleurs;
L'une prend une rose à feuille fraîche et verte,
— Rose blanche — et la porte à la blessure ouverte.
Comme un vin généreux empourpre le cristal,
Le beau sang de Vénus, à ce moment fatal,
Teignit soudain la rose; un parfum d'ambroisie
S'y répandit alors comme la poésie.
Ce parfum n'est-il pas, ô Vénus Astarté!
L'âme de la jeunesse et de la volupté?

10

ACIS ET GALATÉE.

Perdu depuis deux heures dans les rochers des Cy-
clopes, tout en contemplant la mer poétique où flottent
encore tant d'images sacrées, je promenais mon esprit
dans tous les enchantements des poëtes, depuis Homère
jusqu'à Ovide, quand tout à coup j'entrevis, sous la
vague écumante, des épaules de marbre voilées par
une chevelure d'or. Bientôt une belle femme, nue
comme la Vérité, aborda sur la rive d'un pied léger,
tout en secouant d'une main les perles que la mer
avait nouées dans ses cheveux et déposées sur son
sein. J'allais lui tendre la main, car je m'imaginais
que cette femme venait d'échapper à la tempête des
derniers jours; mais, la voyant sourire gaiement et
s'incliner pour cueillir des fleurs au pied des rochers,
je n'eus garde de la troubler; je remerciai les dieux de
ce spectacle digne des anciens temps. Après avoir
cueilli toutes les fleurs éparses dans les rochers, elle
alla s'asseoir sur la rive, et se mit à chanter ainsi :

LA CHANSON DE GALATÉE.

« Je suis Galatée, la nymphe de la mer, la plus
belle des cinquante filles de Nérée; ma mère à ma
naissance me souleva sur les flots et me montra au
Soleil. Et le Soleil a répandu son or sur mes cheveux. »

Après cette strophe, Galatée jeta une fleur dans le
fleuve Acis. Elle reprit son chant :

« Je suis Galatée, la belle Néréïde. Un jour que j'étais dans les prairies voisines, le berger Acis m'a surprise regardant mon image dans l'eau de la fontaine : j'ai voulu fuir, — mais j'étais enchaînée dans ses bras; j'ai regardé Acis, et j'ai pensé à l'enchaîner dans les miens. »

Galatée jeta une autre fleur dans le fleuve.

« Je suis Galatée, l'amante du berger Acis. Il m'a entraînée sous les arbres, il m'a couronnée de feuilles vertes et de baisers. Soleil qui m'avez vue penchée sur lui, mon bras amoureux ceignant sa tête si douce, mon regard perdu dans ses yeux, Soleil, avez-vous oublié quelle fut ma joie à cette heure d'enchantements ? »

Galatée jeta encore une fleur dans le fleuve.

« Je suis la nymphe de la mer que poursuivit l'horrible Cyclope. Me voyant si tendre aux caresses du beau berger, Polyphème jura de se venger; dès que je me fus jetée à la mer pour cacher ma rougeur, il détacha un rocher et le lança sur Acis. J'ai soulevé la tête au-dessus des flots, et j'ai vu le sang ruisseler sur le rivage. »

Galatée, après cette strophe, ne jeta pas de fleur dans le fleuve, mais j'y vis tomber deux larmes de ses beaux yeux.

« Je suis la belle Néréïde; les dieux, à ma prière,

ont changé le sang d'Acis en ce fleuve qui coule si
doucement sous le soleil et sur les herbes. »

Elle dit et se précipita dans le fleuve tout échevelée;
elle étreignit les flots avec passion, elle trempa ses
lèvres inapaisées dans ces eaux où depuis si longtemps elle cherche le berger Acis.

LA CHANSON DU FAUNE.

DÉDIÉ A BENVENUTO CELLINI.

I.

Elle est cassée, elle est cassée,
   Ma cruche que tant j'aimais!
Pour moi, toute joie est passée;
   Elle est cassée!
Je n'y boirai plus jamais,
   Jamais!

Qu'un funèbre cyprès s'incline sur ma tête.
O Jupiter! dis-moi si le jour de ta fête
Une cruche si belle était aux mains d'Hébé?
Ah! combien je maudis l'heure où je suis tombé!

Quand l'hamadryade légère,
Toute palpitante accourait
Devant ma grotte bocagère,
A ma cruche elle s'enivrait.

Un jour, — quel souvenir! — je rêvais sous un arbre;
En poursuivant un cerf, Diane aux pieds de marbre,
Me demanda ma cruche et la vida d'un trait.
Ah! comme j'ai suivi ses pas dans la forêt!

II.

Elle est cassée, elle est cassée,
    Ma cruche que tant j'aimais!
Pour moi, toute joie est passée;
        Elle est cassée!
    Je n'y boirai plus jamais,
            Jamais!

Apollon, sur ma cruche, avait gravé l'histoire
De Pan qui dans ses bras, cherchant une victoire,
Vit en roseaux chanteurs se métamorphoser
La nymphe Ea fuyant ainsi l'ardent baiser.

Mais Pan, enivré par la lutte,
Sous ses dents coupa des roseaux,
Dont il fit soudain une flûte
Qui chanta comme les oiseaux.

Pan joua tristement, aux rives solitaires,
Un chant voluptueux, si doux, que les panthères,
Les tigres indomptés, se déchirant entr'eux,
En rugirent d'amour dans les bois ténébreux.

III.

Elle est cassée, elle est cassée,
    Ma cruche que tant j'aimais!

10.

> Pour moi, toute joie est passée;
>   Elle est cassée!
>   Je n'y boirai plus jamais,
>   Jamais!

Sur ma cruche on voyait, dans un chœur de dryades,
Les fils de Sémélé qu'ont bercés les Hyades;
A ses pieds sommeillait un tigre tacheté;
Désarmés, les amours jouaient à son côté.

>   Les dryades, troupe bruyante,
>   Dansaient en voilant leurs seins nus
>   De leur chevelure ondoyante
>   Parfumée au bain de Vénus.

Et Bacchus étendu sur des feuilles d'acanthe
Ouvrait sa lèvre rouge à la jeune bacchante,
Qui pressait sous ses doigts une grappe aux cents grains.
— Faune, finiras-tu de chanter tes chagrins?

VENISE.

LE VOILE SACRÉ.

DÉDIÉ A MADELEINE.

Près de Padoue, au sein de ce riche pays
Où le pampre s'étend sur le blé de maïs
(Que n'ai-je vos pinceaux, Titien ou Véronèse,
Pour ce divin tableau digne de la Genèse!),
Une femme était là, caressant de la main
Un bambino couché sur l'herbe du chemin :
Plus souples et plus longs que les rameaux du saule,
Ses cheveux abondants tombaient sur son épaule;
Elle était presque nue, à peine un peu de lin
Lui glissait au genou; plus d'un regard malin
Courait, comme le feu, de sa jambe hardie
A sa gorge orgueilleuse en plein marbre arrondie.

Elle se laissait voir, naïve en sa beauté,
Sans songer à voiler sa chaste nudité;
Dieu l'avait faite ainsi, comme il avait fait Ève,
Un matin qu'il voulait réaliser un rêve :
Pourquoi cacher au jour ce chef-d'œuvre charmant
Créé pour être vu, divin enchantement!

A la fin, devinant qu'on la trouvait trop belle,
Elle voulut voiler cette gorge rebelle;

Elle étendit la main, mais le voile flottait.
Son front avait rougi; de femme qu'elle était,
Elle redevint mère : — avec un doux sourire,
Un sourire plus doux que je ne saurais dire,
A son petit enfant elle donna son sein,
O sublime action! Les anges par essaim,
Chantant Dieu, sont venus pour voiler de leurs ailes
L'altière volupté de ces saintes mamelles.

VIOLANTE.

DÉDIÉ A PRAXITÈLE.

Elle était fille de Palma, la belle Violante.

Quand le quinzième printemps eut fleuri sur ses joues, le peintre s'agenouilla devant sa fille comme devant une image de la sainte Vierge Marie, reine des anges :

« Violante, Violante, lys épanoui dans mon amour sur les flots bleus de la belle Venise, ta gloire en ce monde sera incomparable : la Vierge que je vais peindre pour l'église de la Rédemption sera ton image fidèle, ô Violante!

« Car tu es l'image des saintes filles qui sont là-haut dans le ciel où est Dieu.

« Car l'or de tes cheveux est tombé du ciel comme un rayon d'amour; car la flamme qui luit dans tes yeux, c'est la flamme divine que les anges allument sur leurs trépieds d'argent. »

Et, disant ces mots, le peintre prit sa palette, et peignit pour la gloire de l'Art et pour la gloire de Dieu.

La Vierge, qui s'anima sur le panneau de bois de cèdre, fut un chef-d'œuvre tout rayonnant d'amour et de vérité.

Quand le tableau fut achevé, la belle Violante s'envola comme un oiseau pour aller chanter sa chanson. Elle était née pour aimer comme toutes les filles de la terre. Dieu lui-même, qui aime la jeunesse en ses égarements, jette des roses odorantes sur le chemin de Madeleine pécheresse.

Comme elle allait chantant sa chanson, elle rencontra Titien et son ami Giorgione.

— Mon ami Titien, quel chef-d'œuvre tomberait de nos palettes, si une pareille fille daignait monter à notre atelier! Quelle Diane chasseresse fière et élégante! Quelle Vénus tout éblouissante de vie et de lumière!

— Si elle venait dans mon atelier, dit Titien tout ému, je tomberais agenouillé devant elle, et je briserais mon pinceau.

Violante alla dans l'atelier du Titien : il ne brisa point son pinceau. Après avoir respiré avec elle tous les parfums enivrants d'une aube amoureuse, il la peignit des fleurs à la main, plus belle que la plus belle.

Giorgione vint voir ce portrait; mais Titien cacha la femme et le portrait.

Longtemps il vécut dans le mystère savoureux de cette passion si éblouissante et si fraîche : c'était le rayon dans la rosée.

Un jour, plaignez la fille de Palma le Vieux! Titien exposa le portrait de sa maîtresse. Tout le monde allait l'aimer, mais l'aimait-il encore?

L'art est un paradis terrestre où l'amour vient s'épanouir, tantôt comme un beau lys digne du rivage sacré, tantôt comme une belle rose pleine d'altière volupté.

Après avoir souri aux Vénitiens par les yeux et les lèvres de sa maîtresse, Titien, enivré par le bruit.... (Plaignez Palma le Vieux, qui ne voyait plus sa fille que dans les vierges de la Rédemption!), Titien métamorphosa Violante en Vénus sortant de la mer vêtue de vagues transparentes.

L'Art avait étouffé l'Amour; Violante était si belle, qu'elle se consola dans sa beauté; son règne était de ce monde, elle régna.

Un soir, à l'heure du salut, elle entra à l'église de la Rédemption. La voyant entrer, on disait autour d'elle : Voilà Violante qui se trompe de porte.

En respirant les fumées de l'encensoir, elle tomba

agenouillée devant un autel où son père venait prier souvent. L'orgue éclatait dans ses louanges à Dieu; les jeunes Vénitiennes chantaient avec leurs voix d'argent l'hymne à la reine des anges.

Violante leva les yeux, ces beaux yeux qu'avaient allumés toutes les passions profanes.

Son regard tomba sur une figure de Vierge, la plus pure, la plus noble, la plus adorable qui fût dans l'église de la Rédemption.

— Sainte Marie, mère de Dieu, murmura-t-elle doucement, priez pour moi.

Elle était frappée de la beauté toute divine de cette Vierge, qui semblait créée d'un sourire de Dieu.

— Hélas! on me dit que je suis belle, c'est encore un mensonge de l'amour; la beauté, la voilà dans tout son éclat avec une pensée du ciel.

Un souvenir était venu agiter son cœur, un vague souvenir, un éclair dans la nue.

— Quand j'étais jeune, dit-elle en contemplant la Vierge, quand j'avais seize ans....

Elle tomba évanouie sur le marbre. Cette Vierge si belle, qui se détachait sur un ciel d'or et d'azur : c'était la Vierge de Palma le Vieux.

Violante s'était reconnue.

— O mon Dieu! s'écria-t-elle en dévorant ses larmes, pourquoi avez-vous permis cette métamorphose?

Elle qui la veille encore se trouvait si belle dans son miroir de Murano, elle cacha sa figure comme si elle se voyait dans toute l'horreur de ses égarements.

Elle se leva et sortit de l'église, respirant avec une sombre volupté l'amère odeur de la tombe.

Où alla-t-elle ? Le soleil, l'amoureux soleil de Venise vint sécher la dernière perle tombée de ses yeux. Où alla-t-elle ? On était dans la saison où le pampre commence à dévoiler ses altières richesses.

Elle rencontra Paul Véronèse, qui la couronna des premières grappes dorées de la Brenta O ma Vierge ! disait Palma le Vieux ; — ô mon Idéal ! disait Giorgione ; — ô ma Maîtresse ! disait Titien ; — ô ma Bacchante ! dit Paul Véronèse.

LA MAITRESSE DU TITIEN

DÉDIÉ A GIORGIONE.

Poëme que Titien jusqu'à sa mort chanta,
O fille de Palma ! Violante adorée,
Folle œuvre du Très-Haut par le soleil dorée
Comme un pampre lascif qu'arrose la Brenta !

Fleur de la volupté, superbe Violante,
Ton nom vient agiter la lèvre avant le cœur,
Tu soulèves l'amour sur ta gorge brûlante
Où les pâles désirs s'abattent tous en chœur.

O fille de l'Antique et de la Renaissance,
Espoir des dieux nouveaux, souvenir des anciens,
Païenne par l'éclat et la magnificence,
Histoire en style d'or des amours vénitiens,

Sur le marbre un peu blond de ton épaule altière,
Que j'aime les cheveux à longs flots répandus!
Dans ces spirales d'or que baigne la lumière,
Que de fois, en un jour, mes yeux se sont perdus!

Palma faisait de toi sa plus pure madone,
La vierge de quinze ans t'adore en ses portraits;
Titien faisait de toi Madeleine qui donne,
Qui donne à ses amants, ses visibles attraits.

O femme, tour à tour chaste comme Suzanne
Et faible comme Hélène, — Idéal, Vérité, —
Viens me dire pourquoi, divine courtisane,
Pourquoi Dieu t'a donné cette ardente beauté?

C'est qu'il faut que le cœur à l'esprit s'harmonise;
Titien cherchait encor les sentiers inconnus :
Pour qu'il eût du génie, ô fille de Venise,
Tu sortis de la mer comme une autre Vénus!

Dans tes yeux noirs et doux sa gloire se reflète;
Car cet or qu'on croirait au soleil dérobé,
Ces prismes, ces rayons, ces fleurs de sa palette,
Par un enchantement, de tes mains ont tombé.

Oui, grâce à toi, Titien réalisa son rêve :
Sans l'amour à quoi bon les splendeurs de l'autel?
C'est par la passion qu'il devint immortel :
Dieu commence l'artiste et la femme l'achève.

———————

LA JEUNE FILLE QUI SE NOURRIT DE ROSES.

A Venise, j'ai vu, dans un vieux palais visité par les flots bleus de l'Adriatique, un tableau représentant une jeune fille devant une table chargée de roses. Jamais plus idéale volupté ne m'était apparue dans ce pays du Giorgione et du Tasse.

C'est le portrait de Giacinta peint par son amant Schiavoni.

Muse voyageuse, qui va recueillant par le monde les larmes de la vie privée, raconte, sans prendre ta lyre, l'histoire du dernier souper de Giacinta :

« Voici l'histoire de Schiavoni et de Giacinta, un pauvre peintre et une belle fille.

« Il commença par être peintre d'enseignes. Il était né à Sebenico, en Dalmatie. Il vint de bonne heure à Venise, où nul peintre alors célèbre ne daigna lui servir de maître.

« Cependant Titien le rencontra un jour qu'il allait, ses tableaux à la main, les offrir à un marchand. Le grand peintre fut surpris de la touche originale de Schiavoni. — Qui donc t'a enseigné ces tons transparents et ces belles attitudes? — Je ne sais pas. — Pourquoi cette pâleur? — J'ai faim.

« Titien prit la main de Schiavoni et l'emmena à la bibliothèque de Saint-Marc : — Voilà de quoi gagner ton pain.

« Schiavoni peignit trois ronds près du campanile : des cavaliers sabrant leurs ennemis; un évêque qui

assiste des pauvres; un roi qui distribue des récom-
penses à ses soldats.

« Mais après quelques jours de repos, il retomba en
pleine misère; il n'avait travaillé que pour payer ses
dettes et passer gaiement le carnaval. Il ne rencontra
plus Titien, il n'osa plus aller à lui.

« Il se consolait dans l'amour d'une belle fille qu'il
avait vue un soir pleurant sur le Rialto. — Pourquoi
pleurez-vous? — Mon père est embarqué et ma mère
est morte. — Venez avec moi, car moi aussi je pleure,
et comme vous je suis seul.

« Elle le suivit. Elle lui donna sa beauté, il lui donna
son cœur. Mais Dieu sans doute ne bénit pas ces fian-
çailles.

« Pourtant ils espérèrent. Lui, le grand peintre, il
avait fait de son art un métier; il peignait des enseignes ou des copies. Ils habitaient une petite maison
non loin des palais Barbarigo et Foscari. La nuit ils
entendaient chanter les joies de la vie; ils ne pou-
vaient s'endormir, parce qu'ils avaient faim.

« Giacinta n'avait pas faim pour elle, mais pour ses
enfants. Tous les ans, elle avait un enfant de plus,
— et huit années déjà s'étaient écoulées depuis la
rencontre sur le Rialto. — La Providence a de cruelles
ironies.

« Les Pères de Sainte-Croix vinrent un jour com-
mander une Visitation à Schiavoni : il se mit au travail, en croyant que les mauvais jours allaient finir
pour sa chère Giacinta. Le tableau achevé, ce fut une
fête dans l'église. Venise tout entière vint apporter des
fleurs devant la madone.

« Le peintre demeura en l'église jusqu'à la nuit. Quand tous les fidèles se furent retirés, il s'approcha des Pères de Sainte-Croix, et leur demanda un peu d'argent. — Nous n'en avons pas; emportez des fleurs, comme un tribut à votre génie.

« Schiavoni saisit avec désespoir deux bouquets de roses et s'enfuit comme un fou. Giacinta était à sa rencontre avec ses huit petits enfants sur le seuil de la porte. — Des bouquets de roses! dit-elle avec son divin sourire. — Oui, voilà quelle est la monnaie des Pères de Sainte-Croix! dit Schiavoni en jetant avec fureur les roses aux pieds de sa maîtresse.

« Elle pâlit et ramassa les roses. — Je vais servir le souper, dit-elle; amuse un peu ces pauvres petits.

« Schiavoni appela les enfants dans son atelier. Pauvre nichée affamée qui criait misère par tous ses becs roses! Quand il reparut, la table était mise; tous les enfants prirent leur place accoutumée.

« Dès que Schiavoni se fut assis, Giacinta lui servit sur deux plats d'étain les bouquets de roses effeuillées.

« Ce fut le dernier souper de Giacinta. »

Schiavoni la pleura de toutes les larmes de son cœur. Il se surprit un jour peignant sa chère maîtresse devant une table chargée de roses. Ah! que ces roses sont tristes à voir, quand on pense à ce souper où il n'y avait pas une miette de pain!

POEMES ANTIQUES.

EUTERPE.

DÉDIÉ A CORRÉGE.

J'avais pris le matin fusil et gibecière,
Et bravant le soleil, les ronces, la poussière,
Je courais le regain, le bois et le sentier,
Ne m'arrêtant qu'à peine aux sources du moustier.
J'allais avec ardeur, cependant que le lièvre
Broutait l'herbe embaumée à l'ombre du genièvre,
Que le ramier dormait au fond du vert berceau,
Et que le daim jouait en buvant au ruisseau ;
Voilà que tout à coup, au détour de la haie,
Je trouve sous un orme, où le bouvreuil s'égaie,
Euterpe au sein bruni, la muse du hautbois,
Qui répand ses chansons par les prés et les bois.

— Par Apollon, salut, Euterpe la rustique !
As-tu donc retrouvé la flûte poétique ?
Vas-tu réveiller Pan qui dort dans les roseaux,
Pour ouïr tes concerts avec les gais oiseaux ?

— Depuis plus de mille ans que je suis exilée,
Poëte, nul encor, nul ne m'a consolée.
Un barbare a brisé la lyre d'Apollon ;

11.

J'ai vu se dépeupler tout le sacré vallon;
J'ai vu partir mes sœurs, ces urnes d'ambroisie
Où coulait tant d'amour et tant de poésie.
Après avoir longtemps pleuré sous les cyprès,
Moi, je me suis enfuie à travers les forêts,
Avec le souvenir de nos divins rivages.
Quels siècles j'ai passés dans les pays sauvages,
Ne trouvant plus d'échos à mes hymnes sacrés
Quand avec le hautbois je chantais dans les prés!
Enfin, je te surprends, ô chasseur, ô poëte!
Et ma lèvre frémit sur ma flûte muette.

LA CHANSON D'EUTERPE.

Réveillez-vous, nymphes des bois,
J'ai repris ma flûte d'ivoire!
Naïades qui versez à boire
Au chasseur triomphant comme au cerf aux abois;
Venez, ô troupes bocagères,
Sourire à mes chansons légères;
Sylvains au pied fourchu, préparez vos hautbois
Et répétez mes airs champêtres;
Pour venir danser sous les hêtres,
Réveillez-vous, nymphes des bois!

L'Aurore matinale à l'Orient dénoue
Sa chevelure d'or, qui lui voile la joue;
Apollon, dieu du jour, dont fument les autels,
Viens sur ton char de feu réjouir les mortels.

C'est la saison des fruits : fuyez blondes abeilles,
Pomone en vous chassant va remplir ses corbeilles;

Le faucheur sur la gerbe enfin s'est assoupi ;
Cérès a vu tomber jusqu'au dernier épi.

Bacchus s'est couronné d'une feuille d'acanthe ;
Il traverse la vigne où chante la bacchante ;
Il agite son thyrse orné de pampres verts,
Et contemple sa coupe où j'ai gravé des vers.

Et pendant que Bacchus vient avec Ariane,
Vénus va s'exiler. Tu triomphes, Diane !
Trompé par ta beauté, l'Amour, l'aveugle enfant,
T'a donné son carquois et son arc triomphant.

Tu vas poursuivre encore, en tunique flottante,
Le cerf tout éploré, la biche haletante ;
Prends garde au souvenir de l'amoureux chasseur,
Fière amante des bois, d'Apollon chaste sœur !

J'ai repris ma flûte d'ivoire ;
Réveillez-vous, nymphes des bois,
Naïades qui versez à boire
Au chasseur triomphant comme au cerf aux abois ;
Venez, ô troupes bocagères,
Sourire à mes chansons légères ;
Sylvains au pied fourchu, préparez vos hautbois,
Et répétez mes airs champêtres.
Pour venir danser sous les hêtres,
Réveillez-vous, nymphes des bois !

Les Heures, secouant les cyprès et les roses,
Passent sans s'arrêter en leurs métamorphoses,
Et déjà la Prêtresse immole de ses mains
Une blonde génisse au maître des humains.

Sur les prés du vallon le troupeau se disperse,
Le bœuf traîne à pas lents la charrue et la herse;
Dans le sillon fumant le laboureur pieux
Va fécondant Cybèle et rend grâces aux dieux.

O mon maître, Apollon! Daphné la chasseresse
Brave sous les lauriers ta divine caresse;
Mais si tu viens près d'elle en lui disant des vers,
Elle ornera ton front de lauriers toujours verts.

Vénus, où donc es-tu? les colombes sacrées
Avec le char d'azur s'envolent effarées.
La déesse aux beaux yeux dont l'empire est si doux,
Messagères d'amour, où la conduisez-vous?

Voilà qu'un cri de joie ouvre les bacchanales,
Et déjà de Bacchus les filles matinales
Se répandent en chœur sur les coteaux voisins,
Ceignant leur front de pampre et cueillant des raisins.

J'ai repris ma flûte d'ivoire,
Réveillez-vous, nymphes des bois!
Naïades qui versez à boire
Au chasseur triomphant comme au cerf aux abois;
Venez, ô troupes bocagères,
Sourire à mes chansons légères;
Sylvains au pied fourchu, préparez vos hautbois,
Et répétez mes airs champêtres.
Pour venir danser sous les hêtres,
Réveillez-vous, nymphes des bois!

LA SOURCE.

DÉDIÉ AU PEINTRE PRUDHON.

Elle se nommait Mœra, la blonde et blanche fille d'Halirrhoé, reine des nymphes de la mer. Son berceau, c'était la vague amoureuse qui la portait sans secousse jusqu'au rivage.

Quand le quinzième printemps vint saluer son front sur la mer Ionienne, Jupiter descendit de l'Olympe pour soulever sa tunique flottante.

Elle vint sur le rivage secouer sur le sable les perles de ses pieds d'argent. Jupiter, sous la figure d'un jeune mortel, s'agenouilla pour baiser le sable frémissant tout baigné de rosée.

Mais Mœra, indignée d'être surprise, s'enveloppa dans sa virginité et se précipita dans la mer. Jupiter la suivit comme un nuage sur l'eau : — « Je suis le roi des dieux. L'Olympe est mon trône, le monde est mon royaume. Je vis d'ambroisie et d'amour. Hébé me verse l'ambroisie dans une coupe d'or; Mœra me versera l'amour par une bouche de rose. »

Mais Mœra fuyait toujours. Quand Jupiter la voulait saisir, elle lui versait d'une main outragée l'onde amère sur les lèvres.

En vain le roi des dieux lui parle avec passion du bois sacré de l'Ida, où les nymphes chantent les joies amoureuses, au battement d'ailes des blanches colombes de Vénus.

Quand Jupiter au front majestueux n'aime pas, il se venge. Il saisit avec violence Mœra aux pieds d'argent, et l'emporte dans le vol d'un aigle au sommet du mont Ida, que couronne la neige aimée de Diane.

« Puisque ce beau sein couvre un cœur de marbre, lui dit Jupiter en courroux, je te condamne à vivre éternellement dans cette neige, moins glaciale que toi. »

Il dit et retourne dans l'Olympe, tout radieux de vengeance. Mœra pleura sa mère et ses compagnes de la mer Ionienne. Peu à peu elle s'enfonça dans la neige, comme dans une robe immaculée, avec un frémissement de joie et de pudeur.

Mais peu à peu la neige fondit et coula de ses cheveux épars, de son sein arrondi, de ses hanches savoureuses. Zéphire vint à elle, et sema sur sa route la rose aux vertes épines, la violette au doux parfum, l'hyacinthe aux fraîches couleurs, le narcisse qui se regarde dans la rosée.

Comme dans le bois sacré où Diane se baigne avec mystère sous les sombres arcades, des branches ténébreuses s'élevèrent au-dessus d'elle. Jamais retraite aimée des nymphes bocagères ne fut plus fraîche et plus odorante. Diane et le chœur des chasseresses s'y vinrent rafraîchir après la course matinale. Diane baisa d'un chaste baiser le front rêveur de la Source.

Tous les bergers qui conduisent leurs génisses enjouées au pied du mont vinrent pieusement à la Source avec leurs cruches de grès. Mœra leur versait l'eau la plus pure qui ait coulé sur la terre.

Et, tout en emplissant leurs cruches, elle leur chantait son hymne par la voix poétique des flots et des vents :

CHANSON DE LA SOURCE.

« N'aimez pas, bergers du mont Ida. L'amour est une folie furieuse qui nous égare jusqu'aux ténèbres des bêtes féroces.

« N'aimez pas, si vous voulez préserver vos yeux des larmes qui brûlent comme la forge de Vulcain. Diane à l'arc d'argent me l'a dit en buvant les perles de mon sein glacial.

« N'aimez pas, si vous voulez reposer en paix dans la prairie ombragée en défiant toutes les vipères de la jalousie.

« N'aimez pas. Diane aux flèches d'or, souveraine des forêts profondes, est plus belle que Vénus, fille de Jupiter, le maître des dieux, et mère de Cupidon aux flèches de feu. »

Et quand la Source avait ainsi chanté, les bergers du mont Ida se dispersaient tout en plaignant Mœra de n'avoir pas aimé; car elle était si belle, les pieds dans la neige et la gorge ruisselante!

CHANSON ANTIQUE.

DÉDIÉ A ZEUXIS.

Ce matin, sur un vase antique
Peint par un Grec, j'ai lu des vers :

Ta chanson fraîche et poétique,
O blanche Syrène aux yeux verts!

« Un jour, fuyant la poésie,
Ses pâles fleurs, son miel amer,
Moschus demandait l'ambroisie
Aux rochers que baigne la mer.

« Il descend bientôt sur la rive,
Pour ouïr le vent et les eaux;
Une blanche Syrène arrive,
Et chante au milieu des roseaux :

« Jeune amant de la Poésie,
« Ne va pas au sacré vallon;
« Amour verse plus d'ambroisie
« Que toutes les sœurs d'Apollon.

« A la Minerve triomphale
« Ne tiens pas ton cœur enchaîné;
« Erato ne vaut pas Omphale;
« Apollon n'aime que Daphné.

« O mortel, s'il te faut des chaînes
« Pour bercer ton songe amoureux,
« La dryade aux grottes prochaines
« T'enchaînera dans ses cheveux. »

« Après ce chant doux et sauvage,
La blanche Syrène aux yeux verts
Quitta les roseaux du rivage
Pour ses antres de flots couverts.

« Moschus écrivit sur le sable,
Avec la chanson que voilà,
Cette sentence ineffaçable :
« Amour ! Amour ! la vie est là. »

J'ai déposé sur ma fenêtre
Le vase antique où j'ai semé
Des primevères qui vont naître
Aux rayons du soleil de mai.

L'IDÉAL.

J'ai pris une cythare à mon maître Apollon,
Et je chante Idéa dans le sacré vallon.

Chastes vierges des bois, nymphes inviolées,
Venez danser en chœur sous vos cheveux voilées.

Venez, ne craignez pas les regards provocants
Des dieux olympiens ou des lascifs bacchans.

Bacchus s'est endormi sur les pieds d'Ariane,
Et seule pour vous voir, j'entends venir Diane.

Idéa sur la mer naquit, sœur de Vénus,
Un jour que Cynthia secouait ses seins nus.

La vague la porta jusque sur le rivage,
Mais Idéa s'enfuit dans la forêt sauvage.

Ses pieds ne touchaient pas la terre ; elle volait
Dans le ciel azuré plus blanche que le lait.

Elle alla sur les monts que la neige couronne,
Où Phébus ne voit pas de pamprée en automne.

Voilant son chaste sein d'un flottant arc-en-ciel,
Des abeilles d'Hymette elle suça le miel.

Imprimant son beau pied sur la neige éclatante,
Dans l'air et le rayon elle vécut contente.

Le monde aime Idéa depuis quatre mille ans;
Elle rit des amours tendres ou violents.

Nul encor, chevauchant sur l'aigle ou sur la nue,
N'a monté la montagne, ô déesse inconnue !

Nul, hormis le poëte amoureux; — celui-là
Seul étreint sur son cœur ton sein qu'Iris voila.

L'HÉLÈNE DE ZEUXIS.

DÉDIÉ A DIDEROT.

Dans l'atelier de Zeuxis où la lumière orientale ruisselle comme la chevelure blonde de Cérès,

Sept jeunes Athéniennes entrent quand les Heures tressent leurs guirlandes de roses et de soucis sous le soleil couronné de feu.

Le peintre a dénoué leurs ceintures; le peplum tombe à leurs pieds comme le flot écumant qui souleva Vénus.

Elles ne sont plus vêtues que de leurs chevelures flottantes et de la chasteté du peintre. Zeuxis prend sa palette pour chanter une hymne à la Beauté: il va peindre Hélène.

La première femme que Jupiter a créée était belle comme un rêve de dieu olympien; mais peu à peu les formes, si parfaites sous la main du Créateur, s'altèrent en passant par la main des hommes.

La Beauté n'apparaît plus aux artistes que par fragments radieux.

Pour peindre Hélène, Zeuxis choisit les sept plus belles filles d'Athènes; car l'une avait la hanche savoureuse de Vénus; l'autre, la jambe frêle et souple de la Chasseresse; celle-ci, la figure d'Hébé; celle-là, la grâce des trois Grâces; la cinquième avait le col voluptueux de Léda, se détournant des baisers du cygne; la sixième avait le sein orgueilleux de Junon : on eût dit la neige empourprée par le soleil couchant; la septième avait la chaste beauté de Daphné, qui a caché son flanc de marbre dans un rameau vert.

Qui dira jamais les couleurs, la transparence, les veines d'azur de ce beau flanc virginal.

Mais celle-ci, quand le peplum tomba à ses pieds, s'enfuit tout effarée comme une colombe surprise à son premier battement d'aile amoureux, ou comme la vestale qui, près du trépied d'or, voit son image rayonnante dans le miroir d'acier poli.

Zeuxis ne courut pas après elle; il se contenta des six Athéniennes qui lui dévoilaient leurs beautés.

Mais quand l'Hélène fut peinte :

Elle est belle, dit l'aréopage; elle a toutes les beautés des six jeunes filles qui se sont dévoilées à toi, ô Zeuxis; mais il lui manque la pudeur de la septième.

ROME ET FLORENCE.

MARTIA ET MARGUERITE.

DÉDIÉ : MICHEL-ANGE.

I.

Martia la Romaine à la palette ardente,
Qui peignit des tableaux qu'aurait signés le Dante,
Voulut vivre pour l'Art. Plus d'un jeune Romain
Lui parla maintes fois d'amour sur son chemin ;
Elle te fut rebelle, ô Vénus d'Ionie,
Et son cœur ne brûla que des feux du génie.

L'Art fut le divin culte où son esprit rêveur
S'enfermait avec joie en ses jours de ferveur ;
Son atelier était le temple où la vestale
Veille avec piété sur la flamme fatale.

Ses compagnes en vain lui chantaient doucement
La chanson qui jaillit des lèvres d'un amant
Et court comme le feu sur les rives du Tibre ;
Martia leur disait : « Esclaves, je suis libre ;
Je n'appartiens qu'à l'Art, l'Art, cet enfant des dieux,
Qui ceint mon chaste front d'un éclat radieux ;

12.

Ma couronne invisible, ô mes chères compagnes !
Est plus douce à porter que la fleur des campagnes
Dont le pâtre amoureux s'enivre le matin,
Alors que la rosée emperle encor le thym.
Vous hantez ici-bas la passion profane
Qui n'a rien d'immortel, qui fleurit et se fane ;
Ma sainte passion est vivante à jamais,
Et j'aimerai demain ainsi qu'hier j'aimais,
Moi, je n'habite point la terre ; — un Élysée,
Que les dieux m'ont bâti sur la nue irisée,
M'enlève à vos plaisirs, jeunes filles, mes sœurs,
Riches aux doux regards qui cherchez les chasseurs ! »

Fuyant les voluptés de cette vie humaine,
Elle parlait ainsi Martia la Romaine.

II.

Marguerite Van Eyck, quinze siècles après,
Pareille à Martia, découvrit les secrets
Du peintre, et ne voulut pas vivre pour la terre ;
Elle enferma son cœur dans l'Art, un cloître austère
Où l'ange du Seigneur, touché de sa beauté,
Garda le beau lys blanc de sa virginité.
Pourtant elle vivait à Bruges l'espagnole,
Ville aux yeux éclatants, alors bruyante et folle,
Et puis elle habitait un calme intérieur
Avec son frère Jean, esprit doux et rieur ;
Elle aimait la musique et ses pures délices,
Elle buvait la vie aux plus pompeux calices,
Et, quand elle peignait, fidèle à ses instincts,
En ouvrant les fonds d'or des maîtres byzantins,

Elle ornait ses tableaux de fraîches perspectives,
Forêt, prairie en fleurs, montagne aux sources vives,
Pour faire au Créateur un trône éblouissant.

Pareille à Martia, dans son amour puissant,
Marguerite était moins chrétienne encor qu'artiste;
Son cœur était pieux, mais surtout panthéiste.

III.

Ainsi le culte ardent qui leur ouvrait les cieux,
Ce fut l'amour de l'Art et non l'amour des dieux.

L'Art est lui-même un dieu, — dieu qui verse dans l'âme
Le rêve, le parfum, la douleur et la flamme
De l'immortalité. — L'artiste est immortel,
Puisqu'après la prière il monte sur l'autel.

Saluons, saluons ces deux filles sublimes
Qui voulaient n'habiter que les altières cimes,
Qui n'avaient pas besoin de passer le tombeau
Pour vivre loin du monde et voir le ciel plus beau.
La mort, en les frappant, n'a rien changé pour elles,
Car elles connaissaient les sphères éternelles.

LA BOUQUETIÈRE DE FLORENCE.

I.

Hélas! — vous l'avez tous connue la bouquetière de
Florence, la brune Flora, qui vous offrait ses roses et
ses sourires; — comme la Flora du Titien.

Elle était belle comme une poétique apparition, sous son grand chapeau de paille de Florence, dont une duchesse de Paris se fût coiffée avec orgueil, — un chapeau qui lui avait bien coûté trois mille bouquets de roses, encadrés de jasmins!

II.

— Elle était belle par la somptuosité de sa gorge odorante et de ses épaules brunies, où le soleil s'était tant de fois arrêté comme sur une treille toute d'or et de pourpre.

Pas une femme, pas une seule qui, en passant devant elle, n'enviât, — et sa figure, — et son sourire idéal, — et son printemps éternel, — j'ai voulu dire ses bouquets et son insouciance.

III.

Hélas! — elle avait aimé comme toutes les filles de Dieu. Elle avait aimé. On voyait à ses beaux yeux ombragés le souvenir radieux des joies amoureuses.

Elle passait sa vie à cueillir des fleurs et à répandre des bouquets autour d'elle. La déesse Flore n'était pas digne de lui nouer des roses à ses souliers.

IV.

— Quand on arrivait à Florence dans quelque vieux carrosse traîné par quelque fantôme à quatre sabots, il vous tombait tout à coup une pluie de roses des mains de la bouquetière.

Quand on disait adieu à la mère-patrie des artistesdieux, la bouquetière vous embaumait la route par ses roses, sa voix et ses sourires.

V.

Hélas! — Et pour tant de bouquets semés sur votre chemin, — au café, — au théâtre, — au bal, — au casino, — à tous les coins de rue, que lui donniez-vous?

Les Anglais lui promettaient.... de revenir, les Espagnols lui baisaient la main, les Allemands lui donnaient un florin, et les Français cent sous. Cent sous! Moi, je lui donnai mon cœur.

VI.

— Elle était gaie et folle comme un rayon de soleil à Palerme! Ah! qu'elle portait bien son joli panier léger et délicat comme l'aile du passereau!

Mais, hier, je l'ai vue à Santa-Croce se réfugiant au pied de la Madone; l'église était assiégée et envahie par le peuple. Tout le monde demandait la tête de la bouquetière.

VII.

Hélas! — elle voulait mourir, car elle comprenait que sa couronne de beauté et de poésie était tombée dans la boue. — Signor, m'a-t-elle dit en pleurant, sauvez-moi de leur colère, — ou plutôt, sauvez-moi de moi-même. Ils veulent me tuer; mais ne suis-je pas déjà morte? La belle Flora qui rappelait celle de

Titien! — ô honte! — L'enfer du Dante s'était ouvert
pour elle!

Avait-elle pris un amant indigne? Avait-elle franchi
le seuil d'un lupanar? Avait-elle souillé dans le sang
ses mains toutes pleines de roses? — C'était bien pis :
elle était devenue espionne.

VIII.

Espionne! Elle qui venait comme une sœur et comme
une amante s'asseoir à côté de vous au café, qui vous
donnait un bouquet, et qui prenait galamment votre
granit ou votre café!

Elle, qui vous parlait tout émue de sa jeune sœur
qui s'était réfugiée au couvent pour fuir les dangers
des passions profanes, — espionne!

IX.

Hélas! — Aussi le peuple irrité ne criait pas : —
Livrez-nous la Flora; — il criait : « Livrez-nous l'espionne; nous la couronnerons de roses flétries.

« Nous l'attacherons au pilori, nous lui jetterons des
fleurs à pleines mains, nous lui chanterons sa honte si
haut, que les filles perdues passeront devant elle en
rougissant. »

X.

— Les frères de la Miséricorde ont voulu la sauver
de cette couronne d'infamie; ils ont revêtu le capuchon
funèbre, ils sont allés à elle en disant leurs chants

lugubres comme pour un mort. Combien parmi eux qui l'avaient aimée, ô Flora épanouie!

Elle était morte, en effet, morte pour le soleil et pour l'amour, depuis qu'elle avait pris son cœur à deux mains pour le jeter aux pieds du ministre de la police, dans l'immondice ouvert aux cœurs de tous les espions.

XI.

Hélas! — les frères de la Miséricorde, pour apaiser le peuple dans son flux océanesque, l'ont couchée sur une civière, et l'ont emportée au couvent des filles repenties.

Le peuple a suivi le convoi. « Elle est morte au monde, elle va cacher sa honte sous le voile noir, elle ne cueillera plus de fleurs et n'aura plus d'amants. » Et le peuple attendri a pieusement entonné le *Miserere*.

XII.

— Hélas! — que tous ceux qui l'ont aimée prient Dieu pour elle et effeuillent pieusement dans sa cellule solitaire les pâles fleurs du souvenir.

Le soleil, qui lui préparait des moissons, ne s'est pas voilé en ce jour de deuil; il a continué avec sa royale indifférence à féconder les lys et les roses. Le soleil! celui-ci l'a le plus aimée!

FRESQUE BYZANTINE.

Jésus s'habille en pauvre et demande l'aumône
    Au seuil d'un riche au cœur d'acier :

—Beau seigneur, qui chantez comme un roi sur son trône,
    Donnez-moi quelque pain grossier.

— Avec votre besace, allez-vous-en au diable;
    La paresse ici n'entre pas.

— Donnez-moi seulement les miettes de la table,
    Pendant que vos chiens sont là-bas.

—Mes chiens! ne sais-tu point qu'ils m'apportent des lièvres,
    Des bécasses et des lapins.

Tu ne m'apportes rien, pas même les genièvres
    Qui vont chauffer mon four à pains.

Jésus-Christ s'en allait, quand il vit une femme
    Qui venait d'une ruche à miel.

Belle Dieu l'avait faite, et l'on voyait son âme
    Dans ses beaux yeux couleur du ciel.

— Mon pauvre homme, venez sous mes noires solives,
    Par la porte où siffle le geai;

Je n'ai rien que du miel, des raisins, des olives;
    Mais je donne tout ce que j'ai.

Il suivit cette femme, et répandit sur elle
    L'auréole de sa splendeur;

Rayon de Paradis et de vie immortelle.
    Et cette femme avec candeur :

— Mon pauvre homme, dit-elle, est-ce déjà la lune
    Qui répand sur moi sa clarté?

— Non, car c'est une femme. En connaissez-vous une
    Qui se nomme LA CHARITÉ?

— Mon Dieu! je monte au ciel sans traverser la tombe,
    Et j'ai la clef du Paradis.

— Et là-bas ton voisin avec tout son or tombe
    Dans l'enfer où sont les maudits.

Mais quand il aura soif, je prendrai le ciboire
    Où mon amour est jaillissant;

Je mourrai sur la croix pour lui donner à boire
    Jusqu'à mes larmes et mon sang!

CONTRASTES.

DEVANT UN PORTRAIT DE LEHMANN.

N'avez-vous pas vu, drapée en chlamyde,
Une jeune femme aux cheveux ondés,
Qui prend dans le ciel son regard humide,
Car elle a les yeux d'azur inondés?

Son front souriant qu'un rêve traverse
N'est pas couronné; mais elle a vingt ans!
Et sur ce beau front la jeunesse verse,
Verse à pleines mains les fleurs du printemps.

Cette femme est belle entre les plus belles;
Je ne suis pas seul à la voir ainsi;
Ne dirait-on pas un rêve d'Appelles
Que réalisa Corrége ou Vinci.

Un jour de soleil, Dieu, le seul grand maître,
La prit dans son cœur, son cœur radieux!
En son Paradis il la voulait mettre;
Mais la curieuse a quitté les cieux.

Soudain la peinture et la statuaire
Ont saisi l'attrait de cette beauté,

Et dans sa maison, un vrai sanctuaire,
Son charmant portrait est peint et sculpté.

Mais tous ces portraits que le talent signe
Rappellent-ils bien le charme infini
De ce pur profil, de ce cou de cygne,
Désespoir de l'art, — l'art du ciel banni !

Savez-vous pour qui fleurit cette rose,
Cette lèvre où passe un son si charmant,
Et pour qui son cœur, en parlant en prose,
Est toujours poëte ? A-t-elle un amant ?

Je l'ai vue hier, la valse insensée
Dans ses tourbillons l'entraînait sans lui ;
Mais triste elle était toute à sa pensée ;
Pour lui dans sa chambre elle est aujourd'hui.

Il est sur son cœur qui commence à battre ;
Il lui parle en maître et porte la main
De ses noirs cheveux à son sein d'albâtre ;
Va-t-il rester-là jusques à demain ?

Dans la solitude et sous la ramée,
La biche aux doux yeux joue avec le faon :
Elle joue ainsi, cette belle aimée,
Et n'en rougit pas, — car c'est son enfant.

LA CHANSON DU VITRIER.

DÉDIÉ A HOFFMANN.

Oh ! vitrier !

Je descendais la rue du Bac, j'écoutai, — moi seul au milieu de tous ces passants qui allaient au but, — à l'or, à l'amour, à la vanité, — j'écoutai cette chanson pleine de larmes.

Oh ! vitrier !

C'était un homme de trente-cinq ans, grand, pâle, maigre, longs cheveux, barbe rousse : — Jésus-Christ et Paganini. Il allait d'une porte à une autre, levant ses yeux abattus. Il était quatre heures. Le soleil couchant seul se montrait aux fenêtres. Pas une voix d'en haut ne descendait comme la manne sur celui qui était en bas. — Il faudra donc mourir de faim, murmura-t-il entre ses dents.

Oh ! vitrier !

Quatre heures, poursuivit-il, et je n'ai pas encore déjeuné ! Quatre heures ! pas un carreau de six sous depuis ce matin. En disant ces mots, il chancelait sur ses pauvres jambes de roseau. Son âme n'habitait plus qu'un spectre qui, comme un dernier soupir, cria encore d'une voix éteinte !

Oh ! vitrier !

J'allai à lui : — Mon brave homme, il ne faut pas
mourir de faim! Il s'était appuyé sur le mur, comme
un homme ivre. — Allons! allons! continuai-je en lui
prenant le bras. Et je l'entraînai au cabaret, comme si
j'en savais le chemin. Un petit enfant était au comptoir,
qui cria de sa voix fraîche et gaie :

Oh! vitrier!

Je trinquai avec lui. Mais ses dents claquèrent sur le
verre, et il s'évanouit; — oui, madame, il s'évanouit;
— ce qui lui causa un dégât de trois francs dix sous,
la moitié de son capital! car je ne pus empêcher ses
carreaux de casser. Le pauvre homme revint à lui en
disant encore :

Oh! vitrier!

Il nous raconta comment il était parti le matin de la
rue des Anglais, — une rue où il n'y a pas quatre feux
en hiver, — comment il avait laissé là-bas une femme
et sept enfants qui avaient déjà donné une année de
misère à la République, sans compter toutes celles
données à la royauté. Depuis le matin, il avait crié
plus de mille fois :

Oh! vitrier!

Quoi! pas un enfant tapageur n'avait brisé une
vitre de trente-cinq sous; pas un amoureux, en s'envolant la nuit par les toits, n'avait cassé un carreau
de six sous! Pas une servante, pas une bourgeoise,

13.

pas une fillette n'avaient répondu, comme un écho
plaintif :

Oh! vitrier!

Je lui rendis son verre. — Ce n'est pas cela, dit-il,
je ne meurs pas de faim à moi tout seul; je meurs de
faim, parce que la femme et toute la nichée sont sans
pain, — des pauvres galopins qui ne m'en veulent pas,
parce qu'ils savent bien que je ferais le tour du monde
pour un carreau de quinze sous.

Oh! vitrier!

Et la femme, poursuivit-il en vidant son verre, un
marmot sur les genoux et une marmaille au sein!
pauvre chère gamelle où tout le régiment a passé! Et
avec cela, coudre des jaquettes aux uns, laver le nez
aux autres, heureusement que la cuisine ne lui prend
pas de temps.

Oh! vitrier!

J'étais silencieux devant cette suprême misère; je
n'osais plus rien offrir à ce pauvre homme, quand
le cabaretier lui dit : « Pourquoi donc ne vous recom-
mandez-vous pas à quelque bureau de charité? —
Allons donc, s'écria brusquement le vitrier, est-ce que
je suis plus pauvre que les autres! Toute la vermine
de la place Maubert est logée à la même enseigne. Si
nous voulions vivre à pleine gueule, comme on dit,
nous mangerions le reste de Paris en quatre repas.

Oh! vitrier!

Il retourna à sa femme et à ses enfants un peu moins triste que le matin, — non point parce qu'il avait rencontré la charité, mais parce que la fraternité avait trinqué avec lui. Et moi, je m'en revins avec cette musique douloureuse qui me déchire le cœur :

Oh! vitrier!

LE DÉLUGE.

Le vieux monde a fini son temps.
Pour venger la misère humaine,
Le Dieu des colères amène
Un déluge aux flots éclatants.

La Fraternité seule est debout sur la terre!

Au vieux palais du roi proscrit
Que la vague immense environne,
Il ne reste qu'une couronne :
La couronne de Jésus-Christ!

La Fraternité seule est debout sur a terre!

Le monde renaîtra demain;
Voyez : sur la vague qui marche,
Le doigt de Dieu conduit une arche:
C'est l'arche du salut humain.

La Fraternité seule est debout sur la terre!

Symbole à jamais consacré,
Que notre colombe divine
S'envole où déjà l'on devine
La rive du rameau sacré.

La Fraternité seule est debout sur la terre !

Lazare est sorti du tombeau ;
Madeleine la pécheresse
Va chercher une sainte ivresse
A la source vive du beau.

Sainte Fraternité, tu règnes sur la terre !

O, pauvre fille que la faim
Sacrifiait à l'infamie,
Réveille ton âme endormie :
La vertu donnera du pain.

La Fraternité seule est reine de la terre !

PAGE DE LA BIBLE.

DÉDIÉ A RACHEL.

I.

J'écoutais doucement tous les bruits d'alentour,
  Les murmures de la fontaine,
Le clair mugissement des vaches au retour,
  Les voix de la cloche lointaine ;

Le cri du laboureur qui finit un sillon,
    Le vol amoureux des verdières,
Le chant du rossignol, le conte du grillon
    Et le battoir des lavandières.

A peine si la brise agitait les roseaux,
    Les hirondelles revenues
Se miraient en passant dans le miroir des eaux,
    Et s'envolaient avec les nues.

Les jeunes écoliers, redevenus enfants,
    Loin du maître au regard sévère,
S'en allaient dans les prés bondir comme des faons
    Pour moissonner la primevère.

                    II.

Tout à coup j'entrevis aux marges du chemin,
    Comme un roseau fragile,
Une fille aux yeux bleus balançant à la main
    Une cruche d'argile.

Son front presque voilé s'inclinait mollement
    Aux flots des rêveries,
Son petit pied distrait glissait languissamment
    Dans les herbes fleuries.

Le vent sur son épaule avait éparpillé
    Sa fauve chevelure;
Une pervenche ornait son blanc déshabillé :
    Une agreste parure!

Au bord de la fontaine elle s'agenouilla
    Sur une pierre antique ;
Et plus allègrement le linot gazouilla
    Son amoureux cantique.

III.

Survient un mendiant qui n'avait pour ami
    Qu'un bâton de branche de chêne ;
Son vieux corps chancelant se penchait à demi
    Vers sa fosse toute prochaine.

Ayant avec tristesse aux branches d'un bouleau
    Suspendu sa besace vide,
Le vieux déguenillé sur la face de l'eau
    Promena son regard avide.

Dans sa main il voulut boire, ce fut en vain ;
    Et, voyant sa peine, la belle
Offrit sa cruche avec un sourire divin :
    « Buvez, mon père, » lui dit elle.

Spectacle des vieux jours dont mon cœur fut charmé !
    Pur souvenir des paraboles !
Avant de se coucher, le doux soleil de mai
    Lui ceignit le front d'auréoles.

LES LARMES DE JACQUELINE.

I.

En ce temps-là, près de l'abbaye, était une fontaine.

Une petite fontaine qui coulait, coulait dans l'oseraie, l'ajonc et l'herbe fleurie.

Dans la fontaine, un grand saule baignait ses cheveux verts; sous le grand saule, Jacqueline venait tous les soirs à l'heure où les fleurs de nuit ouvrent leur calice.

II.

Jacqueline ne venait pas sous le grand saule pour boire à la fontaine.

Car, à l'heure où les fleurs de nuit ouvrent leur calice, son ami Pierre était sous le grand saule. Son ami Pierre, un forgeron du pays, le beau forgeron au regard fier et doux.

Tous les soirs ils cueillaient de la même main des petites fleurs bleues qui émaillaient les bords de la fontaine.

Et quand les fleurs étaient cueillies, l'ami Pierre les baisait et les cachait dans le sein de la belle Jacqueline.

Ah! jamais sous le ciel où est Dieu, jamais on ne s'était aimé avec une pareille joie.

III.

Quand Jacqueline arrivait sous le grand saule, il devenait pâle comme la mort. « Ami, disait-elle, jure-moi d'aimer ta Jacqueline aussi longtemps que coulera la fontaine. »

A quoi l'ami Pierre répondait : « Aussi longtemps que coulera la fontaine, aussi longtemps j'aimerai la belle Jacqueline aux cheveux d'or. »

Il jura, mais un jour elle se trouva seule sous le grand saule.

IV.

Elle cueillit de petites fleurs bleues en l'attendant; mais il ne vint pas cacher le bouquet dans la brassière rouge.

Elle jeta les fleurs dans la fontaine et elle s'imagina que la fontaine pleurait avec elle.

Le lendemain, elle vint un peu plus tôt et s'en alla un peu plus tard.

Elle attendit; les rossignols chantaient dans les bois, les bœufs mugissaient dans la vallée.

Elle attendit; la cloche de l'abbaye sonnait l'Angelus, la meunière de Nogent chantait sa joyeuse chanson.

Huit jours encore Jacqueline vint. « C'est fini, dit-elle, c'est fini! »

Les soldats du roi passaient par la rivière. « Ah! oui, dit-elle, il est parti pour aller à la guerre. »

Elle alla frapper à la porte de l'abbaye : « C'est une pauvre fille qui veut n'aimer que Dieu. »

V.

On coupa ses beaux cheveux d'or, on renvoya à sa mère sa brassière rouge et son anneau d'argent.

Cependant il revint, lui, le forgeron. « Où es-tu, Jacqueline, Jacqueline, où es-tu? La fontaine coule toujours, voilà l'heure où les pigeons blancs s'en vont au colombier, l'heure où les fleurs de nuit ouvrent leur calice. Où es-tu, Jacqueline, où es-tu? »

L'ami Pierre vit passer Jacqueline sous la robe noire des religieuses.

VI.

« Pauvre Jacqueline, elle a perdu ses cheveux d'or! »

Il s'approcha d'elle : « Jacqueline, Jacqueline, qu'as-tu fait de notre bonheur? Pendant que j'étais prisonnier de guerre, te voilà descendue au tombeau. Jacqueline, Jacqueline, que ferai-je à ma forge sans toi?

« Toi qui m'aurais donné ton cou pour reposer mes bras, ta bouche pour embaumer mes lèvres.

« Toi qui m'aurais donné des petits enfants jolis comme des anges pour égayer le coin de mon feu.

« Je les voyais déjà en songe jouant avec leurs petits pieds roses et souriant au sein de leur mère.

« Adieu, Jacqueline, j'irai ce soir dire adieu à la fontaine, au grand saule, aux petites fleurs bleues.

« Et quand j'aurai dit adieu à tout ce que j'ai aimé, je couperai un bâton dans la forêt pour m'en aller en d'autres pays. »

14

VII.

Le soir, quand l'ami Pierre vint à la fontaine, le soleil argentait d'un pâle rayon les branches agitées du saule.

C'était un jour de chasse; l'aboiement des chiens et le hallali des chasseurs retentissaient gaiement sur la Marne.

Quand l'ami Pierre arriva sous le grand saule, il tressaillit et porta la main à son cœur.

Il avait vu une religieuse couchée dans l'herbe, la tête appuyée sur la pierre de la fontaine.

« Jacqueline! Jacqueline! » dit-il en tombant agenouillé.

L'écho des bois répondit tristement : Jacqueline, Jacqueline!

Il la souleva dans ses bras avec effroi et avec amour.

VIII.

« Adieu, mon ami Pierre, lui dit-elle doucement; depuis que je suis à prier Dieu dans le couvent, je me sens mourir d'heure en heure.

« Je suis morte, ami; si mon cœur bat encore, c'est qu'il est près du tien.

« J'ai une grâce à te demander : tout à l'heure, enterre-moi ici; je ne veux pas retourner au couvent, où l'on a le cœur glacé.

« Enterre-moi ici, mon ami Pierre; j'entendrai encore couler la fontaine et gémir les branches du saule.

« Dans les beaux soirs du mois de mai, quand le

rossignol chantera ses tendresses, là-bas dans les bois, je me souviendrai que tu m'as bien aimée. »

IX.

Quand elle eut dit ces paroles, il s'écria : « Ma belle Jacqueline est morte! »

La lune, qui s'était levée au-dessus de la montagne, vint éclairer la fontaine d'une douce et triste clarté.

Pierre reprit son amie dans ses bras, lui disant mille paroles tendres, croyant toujours qu'elle allait lui répondre.

Elle ne l'écoutait plus. Qu'elle était belle encore en penchant sa pâle figure sur l'épaule de l'ami Pierre!

X.

Durant toute la nuit, il pria Dieu pour l'âme de sa chère Jacqueline, tantôt à genoux devant la trépassée, tantôt la pressant sur son cœur.

Au point du jour, il creusa une fosse tout en sanglotant. Quand la fosse fut profonde, il y sema de l'herbe toute brillante de rosée.

Sur le lit funèbre, il coucha Jacqueline pour l'éternité; une dernière fois il lui prit la main et la baisa.

Sur Jacqueline, il jeta toutes les fleurs sauvages qu'il put cueillir au bord du bois et de la prairie.

Sur les fleurs sauvages, il jeta de la terre, terre bénite par ses larmes.

Il s'éloigna lentement. Les religieuses à leur réveil entendirent les sanglots de l'ami Pierre.

XI.

Depuis ce triste jour, jamais le forgeron n'a battu le fer à la forge.

Depuis ce triste jour, Jacqueline a dormi au bruit de la fontaine, bruit doux à son cœur.

Dans les soirs du mois de mai, quand le rossignol chante ses tendresses, là-bas dans les bois, elle se souvient que l'ami Pierre l'a bien aimée.

Et l'on voit tressaillir les petites fleurs bleues qui parsèment sa tombe toujours verte.

Ici finit l'histoire de l'ami Pierre et de la belle Jacqueline, qu'un sculpteur, poëte de son temps, avec la langue des pierres, écrivit sur les bas-reliefs de l'abbaye.

ÉPITAPHE DE PARIS.

VIEUX STYLE.

Ci-gît Paris! Mortel qui passe là,
Pleure en voyant les tombeaux que voilà :

Paris, où Geneviève, en son adolescence, —
A gardé les moutons, — avec son innocence.
Où la docte Héloïse a trouvé son vainqueur,
   Quand Abeilard, le soleil de sa vie,
    Avait de l'esprit et du cœur...
Pourquoi fut-il réduit à la philosophie ?
Où de la tour de Nesle, après un souper fin,

Marguerite envoyait, sept fois chaque semaine,
Ses amants raconter aux poissons de la Seine
Ce qu'il fallait d'amour pour assouvir sa faim !
Où François s'écriait à son heure dernière :
   J'ai trop aimé la belle Ferronière ;
C'est bien la peine, hélas ! d'être un roi si vaillant !

      Où le bon Henri quatre
      Eut le triple talent
       De boire et de battre,
      Et d'être vert galant !

Où Louis treize eut peur d'un sein d'albâtre ;
    Quand Marion, l'ange du Mal,
  Ouvrait l'Enfer au pâle cardinal !
  Où le grand roi, dans sa folle jeunesse,
Brillant comme un soleil et gonflé comme un paon,
   Devant sa cour se pâmant d'allégresse,
Dansait le menuet avec la Montespan.
Où Molière, aveuglé dans sa gloire suprême,
Riant de Sganarelle, en était un lui-même.
  Où, couronné par *les Jeux et les Ris*,
     Philippe le Débonnaire
Trépassait dans tes bras, ô belle Phalaris !
    Son confesseur ordinaire.
Où le roi-Pompadour faisait toujours porter
    Son sceptre par la plus belle.
Où Voltaire disait, achevant *la Pucelle*,
Si Dieu n'existait pas, il faudrait l'inventer.
Où le fier Sans-Culotte, avide de vengeance,
    Éclaboussait la royauté.
    Où Danton, sublime exalté,
   De son audace armait la France !
D'où l'aigle d'Austerlitz prit son vol radieux,
   Pour enserrer toute la terre,

                     11.

Et retomber du haut des cieux
Dans les piéges de l'Angleterre !

Adieu, Paris, où le monde a passé.
   La beauté, l'amour, la folie,
   Après la Grèce et l'Italie ;

      L'argent a tout remplacé :
      Requiescat in pace.

1846, quand régnaient les banquiers.

FRESQUE ANTIQUE.

LES FÊTES DE JUNON.

On voit déjà flotter les vapeurs matinales,
L'aube a teint l'Orient de couleurs virginales ;
La déesse aux yeux fiers est debout sur l'autel,
Portant le diadème à son front immortel ;
On voit étinceler au gré du statuaire
La pierre sélénite au fond du sanctuaire,
Déjà le sacrifice inonde les bassins ;
Sous le voile d'Isis, on entrevoit les seins
Fécondants de Junon dont le regard s'allume,
Ces chastes seins plus doux que la neige et la plume !
Elle a le sceptre d'or surmonté d'un coucou ;
Un collier de grenade étincelle à son cou ;
Elle touche du pied la queue épanouie
Du paon, son cher oiseau dont elle semble éblouie.

Les époux, couronnés de myrthes, à pas lents
Viennent s'agenouiller au bord des marbres blancs,
Effeuillant pour Junon le pavot et la rose ;

Cependant qu'à l'autel l'Hymen au front morose
Allume les parfums et verse un vin pourpré.

Mais, que voit-on dans l'ombre, au fond du bois sacré,
Où mollement Zéphyr se balance et murmure?
De beaux groupes d'amants, voilés par la ramure,
Vont chantant que Junon fut galante en son temps;
Que l'Hymen ne sait pas moissonner au printemps;
Qu'incessamment l'Amour couronne la plus belle,
Et pour autel ne veut que le sein de Cybèle.

L'IMMORTALITÉ DE L'AME

— Qui frappe si matin? Madame,.
Entrez donc un instant chez moi.

— Me connais-tu? Je suis ton âme;
J'ai voyagé la nuit sans toi.

— C'est vrai; tu battais la campagne
Pendant ce sommeil accablant.

— Je me bâtissais en Espagne
Quelque château de marbre blanc.

— Ingrate! n'es-tu plus contente
De ce balcon où je t'aimais?

— Non, et je vais planter ma tente
Où les pieds n'atteindront jamais.

— O mon âme, point de divorce;
Soyez l'abeille et moi le miel.

— Je suis la sève et toi l'écorce;
Je fleuris et je monte au ciel.

— Moi, je suis la maison natale,
Enfant prodigue, où tu reviens.

— Moi, je suis l'aube matinale
Qui l'éclaire tu t'en souviens.

— Oui, la lumière me pénètre
Et m'ouvre un horizon lointain.

— Comme un soleil à la fenêtre,
Je t'apparais chaque matin.

— Sous l'herbe funèbre et sauvage,
O mon âme, tu me suivras!

— Non, déjà j'aspire au rivage
Où les dieux me tendent leurs bras.

— Est-il possible que la tombe
Te respecte, ô rayon vermeil!

— Quand sous le temps la maison tombe,
Voit-on s'éteindre le soleil?

JE SENS FUIR LE RIVAGE.

ADIEU.

Je sens fuir le rivage, adieu la Poésie!
Elle reste au pays de l'éternel printemps.
Idéal, Idéal, que j'ai cherché longtemps,
J'ai surpris ton énigme au cœur du sphinx d'Asie.

Tu le nommes Jeunesse et verses l'ambroisie,
Avec l'urne des Dieux, aux âmes de vingt ans.
Idéal, Idéal, vierge aux cheveux flottants,
Je te vois, mais je pars et ne t'ai pas saisie!

Cependant, le vaisseau m'entraîne en pleine mer,
Et, comme Des Grieux, en sa douleur sauvage,
Je dis aux matelots: Retournons au rivage!

Car, j'ai mis au tombeau, là, dans le sable amer,
Manon, mon cher amour, ma maîtresse adorée!
Manon, c'est la Jeunesse : Adieu, Muse éplorée!

L'ART ET LA POÉSIE

I.

Le journalisme, ce tonneau des Danaïdes où toutes les imaginations de notre temps ont versé leur amphore, finira par engloutir à son horrible festin de chaque nuit les plus pures intelligences, celles que Dieu avait destinées à la poésie. Cependant il en est qui, luttant contre cette soif brutale, ont réservé pour un autre tonneau, tout en faisant la part du monstre, le vin du pampre idéal qui fleurit dans le cœur.

On a réuni en ce volume trois recueils : *Les Sentiers perdus* (1844), avec quelques élégies de plus et quelques mauvaises rimes de moins; *La Poésie dans les bois* (1845), livre aujourd'hui introuvable, parce qu'on a eu le bon esprit de ne l'imprimer qu'à un très petit nombre d'exemplaires; enfin des poëmes, *Fresques et Bas-reliefs*, recueillis en voyageant.

A l'heure où tant de bons esprits ont accepté l'ombre d'une bannière éclatante, sous prétexte d'innovation, l'auteur de ce recueil s'est isolé dans ses chers sentiers, sous ses bois ténébreux avec quelque chasseresse aux pieds nus. S'il réimprime ces vers, c'est qu'il ne craint pas qu'on reconnaisse un autre sous sa figure. Il n'a cultivé qu'un pauvre héritage ceint de haies vives, où l'ivraie et le bleuet ont étouffé presque l'épi d'or, mais où la vigne aimée du soleil a dévoilé çà et là quelques grappes colorées. Comme Platon dans ses trois arpents de Colonne, il voudrait pouvoir se dire : Ceci est à moi! (Il est vrai que nul ne songera à lui disputer si peu.) Dans

les arts on n'a le droit de faire que ce qu'un autre ne pourrait
pas faire. Trop de gens rappellent Piron qui donnait des
coups de chapeau à Voltaire, en assistant à la représentation
d'une tragédie de La Harpe.

Puisque le poëte était en train de supprimer les vers mauvais, on lui demandera pourquoi il en a laissé plus d'un mal
posé et mal vêtu, comme s'il demandait l'aumône d'une rime.
Il a eu ses raisons pour cela; il a assez fréquenté les pein-
tres pour apprendre la science des sacrifices et des oppo-
sitions de couleurs. Lui aussi il a tenté quelques voyages dans
l'impossible, à cheval sur un rhythme emporté, voulant saisir au
vol dans les nues l'idée qui n'avait pas encore couru le monde.
Il s'est indigné contre la vétusté des rimes au point qu'après
avoir, dans quelques-uns de ses poëmes antiques, voulu re-
nouveler ces panaches flétris, il a osé être poëte dans le rhythme
primitif sans rime, sans vers et sans prose poétique, comme
dans *les Syrènes* et *la chanson du Vitrier*.

Ceux qui ont bien voulu me lire en prose, peut-être auront-
ils le courage de me lire en vers. Je leur dédie (1) cette œuvre
faite de temps perdu, c'est-à-dire de temps précieux. Que s'ils
veulent savoir sur quelle poétique j'ai mis au vent les voiles
de ma barque aventureuse (une poétique c'est toujours la mer
et ses dangers), ils feuilleteront ces pages que j'écrivais il y a
deux ans dans L'ARTISTE.

II.

A Athènes, il était une fois, — ceci n'est pas un conte, —
un brave homme qui aimait les philosophes sans les comprendre, — comme on aime les femmes. Les philosophes de son

(1) Il y a d'autres dédicaces dans ce livre — à mes amis de tous les siècles,
à ceux qui ont été la joie, le sourire, le rayon, la fleur, la chanson, le blé
mûr, la grappe empourprée du Paradis idéal que je me suis créé en plein
xixe siècle.

: temps venaient en sa maison boire son vin à pleine amphore,
mais finissant par ne pas se comprendre eux-mêmes, ils parlè-
rent trop haut. Le brave homme, qui voulait vivre de la vie et
non de la pensée, conduisit les philosophes dans un verger
peuplé d'arbres couverts de vignes qu'il possédait aux portes
d'Athènes. « C'est là, mes amis, leur dit-il, sur cette herbe
étoilée, sous ces pampres savoureux, que désormais vous discu-
terez en toute liberté; n'oubliez pas la parole du sage : « Un
philosophe sans jugement est un cheval sans bride.» Cet homme
s'appelait Académus. Les philosophes donnèrent son nom à
son verger : ainsi fut créée la première académie.

Ils s'y réunirent tous les jours à l'heure où le soleil descend
vers la mer. Belle et féconde académie que celle qui tenait ses
séances sous la voûte du ciel, qui avait les Dieux pour prési-
dents, et pour secrétaire perpétuel l'Oubli! On était assez fé-
cond pour vivre le lendemain sans consulter les annales de la
veille. Ce ne sont pas ceux qui ont lu Homère qui ont imité
Homère. Le peu de souveraine sagesse que les Dieux ont, par
raillerie, laissé tomber parmi les hommes, ce ne sont pas les
hommes qui l'ont trouvé; le livre le plus savant n'en dira jamais autant que la rêverie au bord de la mer, dans la forêt
ténébreuse, sous la vigne qui rit et qui chante. L'amour qui
tombe du sein de Dieu dans le cœur des hommes, n'est-ce pas
un poëme plus éclatant que ceux du rapsode grec?

Académus vivra plus longtemps que les philosophes qu'il a
si bien logés; plus longtemps même que la philosophie, cette
échelle sublime qui joint la terre au ciel. Car, grâce à la vanité
qui dominera de plus en plus les mondes futurs, il y aura encore des académies, — comme il y a encore des temples pour les
dieux qui ne sont plus.

Cette académie, où l'on ne donnait pas des prix de vertu et
où l'on ne récitait pas de discours empanachés comme des chevaux de pompes funèbres, cette académie faite de liberté, d'air
et d'espace, où l'on avait de l'esprit et de l'éloquence, parce qu'il
n'y avait pas encore d'esprit et de l'éloquence de convention,

nous en avons vu une pareille à L'ARTISTE. Le verger tout
peuplé d'arbres couverts de pampres, c'était l'Art, l'Art sous
le ciel, en pleine nature, l'Idéal qui rayonne sur le Vrai.
Académus, c'était le rédacteur en chef du journal, c'est-à-dire
que le plus souvent il ne lisait pas la rédaction de ses amis.

Il y a plus de trois ans, il n'y a pas quatre ans que nous
avons, avec nos amis, tenté à L'ARTISTE de faire l'histoire
contemporaine des arts et des lettres par la poésie, par la critique, par l'imagination et par la gravure, créant ou interpré-
tant la création d'autrui. Nous étions jeunes, nous marchions
avec la passion du Beau, avec la haine des Écoles et des en-
traves.

Nous avons débuté par cette idée que Dieu, ayant trouvé
son œuvre imparfaite après avoir créé le monde, en avait rêvé
un plus beau, plus infini, plus digne d'un tel maître; que
l'artiste et le poëte avaient reçu la mission de continuer le rêve
de Dieu et de gravir l'âpre montagne où fleurit son idéal.

Le Beau, voici comment nous le comprenions : le Beau
visible doit parler du Beau invisible comme le monde parle de
Dieu. Dieu a créé l'homme avec un peu d'argile en laissant
tomber sur sa créature les rayonnements de sa pensée, alliant
ainsi par une œuvre sublime la terre au ciel. L'artiste et le
poëte ne doivent pas séparer l'argile du rayonnement, la terre
du ciel, le fini de l'infini.

La Poésie n'est pas seulement le parfum des fleurs de la terre
ni la flamme allumée au ciel. Il faut que le parfum habite un
calice dessiné et peint par Dieu lui-même, il faut que la flamme
du sentiment brûle dans un vase sculpté avec l'art le plus
délicat.

L'Art est une majestueuse unité. Ce qui a presque toujours
stérilisé l'art moderne, c'est que, tour à tour enfant prodigue
et vierge mystique, il a dissipé son bien avec les courtisanes
dans les orgies de la forme, ou bien il a voilé sa face et a poursuivi l'ombre de la pensée plutôt que la pensée. C'a été l'art
vénitien, dont les pompes théâtrales, l'éclat de palette, les dé-

bauches radieuses de pinceau étouffaient le sentiment; ç'a été aussi l'art allemand, qui a traduit l'histoire de l'âme sans jamais vouloir adorer l'altière poésie des panthéistes, celle qui fleurit sur les lèvres de Violante, maîtresse du Titien, et sur les pampres joyeux du Pausilippo.

Il n'y a pas seulement deux écoles aujourd'hui : l'école de la pensée et l'école de la forme; il y en a vingt, sans compter celle des grammairiens, gens de l'Université, éplucheurs d'ivraie qui commencent, les aveugles qu'ils sont, par arracher le bon grain. Aussi vous verrez quelle gerbe ils recueilleront! Reconnaissons que l'art a sa grammaire comme il a sa poésie; mais à force de grammaire on devient—praticien.

Il y a les fantaisistes, heureux esprits qui voyagent dans le bleu, rêveurs sublimes dédaignant les biens de ce monde, qui ne demandent à cueillir, en passant le long des blés mûrs, que le bleuet dont les jeunes filles se font des couronnes. Fantaisie! fantaisie! muse des jeunes et des insouciants, écolière fuyant l'école et s'attardant jusqu'au soir sous la fraîche ramée, pour respirer le parfum trop doux des fraises et des églantines, qui d'entre nous ne t'a suivie et adorée? Mais *Nous n'irons plus au bois, les lauriers sont coupés!* la fantaisie a montré son pied tout parfumé d'herbe sur le seuil de l'Académie française.

Il y a aussi les graves, qui font trembler l'Olympe au mouvement de leur sourcil; ceux-là veulent être, selon la parole d'Homère, les pasteurs des peuples; ils ne veulent pas que la poésie soit un vain amusement, une musique qui se perd dans les nues, un parfum de violette que secoue en passant le pied nu de la paysanne, une draperie taillée avec splendeur par Praxitèle, une ciselure de Benvenuto Cellini, un rayon de soleil recueilli par Diaz. Saluons les graves, ils sont des nôtres; saluons-les, car ils chantent pour le peuple; et le peuple chasse les poètes de sa république sans même les avoir couronnés de roses, comme le voulait Platon.

Il y a aussi les philosophes, esprits ambitieux qui ne font la

lumière que pour éclairer les ténèbres. Philosophie! science
de la vie quand on veut mourir, science de la mort quand on
veut vivre! livre dont on n'a ni le commencement ni la fin,
dont la préface est dans le chaos et la postface dans le sein de
Dieu. Nous avons salué les philosophes.

Il y a aussi les réalistes, ceux-là qui violent la Vérité toute
ruisselante encore sur la margelle de son puits; enfants de
l'école hollandaise, qui oublient que Rembrandt le panthéiste.
tout en demeurant avec religion attaché sur la terre, baignait
son front dans les vagues lueurs du sentiment biblique et de la
pensée divine.

Il y a aussi ceux du *bon sens*, archéologues nés pour l'Académie, qui préfèrent l'odeur du tombeau et le bruit des ossements
au parfum savoureux de la forêt et aux battements du cœur.

Il y a aussi les éclectiques, qui ne sont ni de leur temps ni
de leur pays, parce qu'ils veulent être de tous les temps et de
tous les pays.

Il y a aussi l'école des stériles, ceux-là qui empêchent les
abeilles d'aller à la ruche, parce qu'ils n'ont jamais rencontré
la fleur de vie que donne le miel.

Enfin, il y a les esprits libres, qui vont cherchant partout
l'art et la pensée, dans les poëmes d'Homère comme dans la
sculpture antique, dans les pages mystérieuses et solennelles
de la Bible comme dans les pâles rêveries des Byzantins, dans
les épanouissements de la Renaissance, comme dans le livre
radieux qui s'appelle LA NATURE: c'est là leur vrai livre, mais
ne les accusez pas trop de panthéisme, parce qu'ils reconnais-
sent que pour y lire c'est Dieu qui leur donne sa lumière. Ceux-
là ce sont les rédacteurs de L'ARTISTE. Ils n'ont subi aucune
école, ils n'ont eu de culte que pour l'idée, ils n'ont eu de passion que pour la forme; ils veulent que la poésie se souvienne
de Moïse, de Platon et de Jésus-Christ; qu'elle écrive ses
hymnes d'or au livre de l'avenir, qu'elle entraîne les peuples
vers les rives idéales des mondes meilleurs, qu'elle ouvre aux
générations présentes cette vie féconde et universelle rêvée

pour les générations futures. Ils ont salué les soleils couchant,
mais c'est vers l'aube matinale qu'ils se sont tournés, plus in-
quiets de ceux qui feront l'avenir que de ceux qui sont déjà le
passé.

III.

Clésinger avait appelé hier quelques amis dans son atelier.
Cléopâtre, Rembrandt, Diderot, tous les pompeux panthéistes
se fussent trouvés là dans le paradis des tentations divines et
humaines. En effet, tout y était disposé pour la joie de l'esprit
et des yeux. L'atelier, un des plus beaux de Paris, était radieu-
sement illuminé et déployait toute une galerie de tableaux, la
plupart de Clésinger lui-même, qui est peintre et sculpteur.
comme Michel-Ange, son maître ; car il ne reconnaît que celui-
là. Quelques bustes d'un charmant caractère étaient épars aux
quatre coins de la salle. *La femme piquée par un serpent*, notre
amour de l'an passé, attirait un peu moins le regard que *la
Bacchante*, un chef-d'œuvre de vie en plein marbre que vous
admirerez tous. Une table couverte de fleurs et de bouteilles,
— les fleurs épanouies de la gaieté — nous appelaient par mille
sourires. Ce n'était pas le dernier banquet des Girondins,
c'était le premier banquet des Montagnards de l'art. — L'ex-
pansion, la couleur, la liberté, c'est-à-dire le mépris des règles,
avaient là leurs plus fiers représentants. On se mit à table,
tout en offrant la présidence à Michel-Ange, le Jupiter Olympien de la Renaissance, qui était là vivant dans un marbre de
Clésinger. George Sand y était aussi, — en peinture, — George
Sand, cet homme par le génie, cette femme par le cœur, —
fut nommé vice-président.

Les grands artistes sont gourmands, — la joie des lèvres
après la joie des yeux. — Les fruits de la terre sont sacrés :
ceux-là sont des athées qui passent devant l'or des épis et la
pourpre des vignes sans s'incliner religieusement. Si Dieu est
partout, n'est-il pas là qui sourit à sa créature ? O les insensés,
qui se détachent d'un pied haineux de la terre où fleurissent

15.

les roses, les pampres et les blés! Jésus-Christ aimait la terre
comme une patrie; il y répandait son amour et son sang. Au
banquet de Clésinger, on commença donc par s'enivrer des
fruits de la terre; mais bientôt la gaieté de l'esprit courut sur
la nappe de Diaz à Barye, de Thoré à Rousseau, de Jules Dupré
à Thomas Couture. On fut éloquent, on s'enivra de paradoxes
bien plutôt que de vin de Champagne. Je ne me souviens pas
si on était fort raisonnable, mais j'affirme qu'on disait des choses
qui n'ont jamais été imprimées. — Imprimez-les donc, direz-
vous; mais la parole écrite, le fût-elle avec tout le génie de la
couleur et toute la hardiesse du génie, n'arriverait pas à ces
effets inattendus, à ces tons francs et lumineux, à ce réalisme
saisissant. Hier, après souper, peut-être aurais-je réussi a
clouer tout vivants, sur le gibet du journal, ces beaux et élo-
quents paradoxes battant de l'aile des aigles; mais nous vivions
alors pour nous-mêmes et nous n'avions pas le temps de vivre
pour la critique; — car, ne le savez-vous pas? nous sommes
des critiques expansifs : — avant de parler de l'amour, nous
aimons.

Hier, tout le monde, même les critiques présents, parla un
peu légèrement de la critique. On l'exécuta, on l'ensevelit, on
lui fit des funérailles qui rappelaient assez, par leurs images
colorées, la descente de la Courtille. Nous suivions le convoi
bras dessus bras dessous avec Thoré. Après le *De Profundis*,
nous écrivîmes sur la fosse : *Ci-gît la vieille critique; ci-gît*
celle qui analysait, grammaire en main, sans voir plus loin que
le livre ouvert sous ses yeux; ci-gît celle qui parlait du cœur,
et des drames du cœur, et des passions du cœur, et de l'esprit
du cœur, sans avoir aimé; *ci-gît la vieille critique.* Mais la critique est morte, vive la critique! Le roi absolu du monde caduc
est mort, vive le roi du monde nouveau, c'est-à-dire l'intelli-
gence, la seule souveraine dans l'avenir! Vive la nouvelle
critique; celle-là est devenue créatrice elle-même; celle-là se
passionne pour le culte des idées; elle les remue, elle les sème.
Le livre qu'elle analyse n'est plus pour elle qu'un point de départ.

C'est la nouvelle critique qui a ébranlé les trônes devenus impossibles des royautés obstinées : — royautés politiques et royautés littéraires; — académies, conseils de l'Université, jury de peinture et autres pouvoirs qui s'en vont, parce que la nouvelle critique a écouté battre son cœur et a rejeté l'odieux cilice, — c'est-à-dire la méthode, la règle, le traité du sublime, la sagesse d'Aristote, l'art poétique de Nicolas Boileau, l'art de peindre de Nicolas Wattelet; — tout ce qui empêchait l'air vif des montagnes, le libre rayon de soleil de frapper les fronts inspirés.

La méthode, c'est le refuge des stériles; ils suivent la méthode, parce qu'ils ne pourraient pas l'entraîner comme un esclave à la queue de cette cavale sauvage du génie qu'ils n'osent jamais enfourcher. Ne me parlez pas des méthodiques qui disent que le génie c'est la patience. Ils sont enfermés dans leur timidité comme un fleuve endormi dans son cours. Ce n'est point assez de réfléchir les arbres de la rive; dans l'orage et le torrent de la pensée, il faut arracher sa rive et emporter en triomphe les arbres déracinés.

Écoutez cette histoire de Diderot. On était chez le baron de Holbach; on discutait sur le génie qui crée et la méthode qui ordonne. — La méthode, dit Grimm, c'est la pédanterie des lettres. — Oui, mais, dit Marmontel (il avait fait une poétique), c'est la méthode qui fait valoir. — C'est-à-dire qu'elle éteint l'enthousiasme. — Dieu lui-même a mis un frein à la fureur des flots. — La dispute devint assez vive; l'abbé Galiani, qui avait le génie de l'esprit, pria l'aréopage d'écouter cette fable, dont je vais donner la paraphrase.

LE COUCOU, LE ROSSIGNOL ET L'ANE.

— Une forêt touffue au mois de mai. —

SCÈNE Ire.

LE COUCOU, LE ROSSIGNOL.

LE COUCOU. — Tais-toi, petite bête folle, qui va, qui va, qui va toujours comme une corneille qui abat des noix.

LE ROSSIGNOL. — Laisse-moi chanter selon mon cœur; contente-toi de marquer la mesure par ton coucou, coucou, coucou.

LE COUCOU. — Je suis un artiste et non un chef d'orchestre. Tout le monde me juge sublime parce que je suis simple, naturel, mesuré, parce que je ne détonne jamais.

LE ROSSIGNOL. — Mais moi je suis varié, hardi, tendre, éclatant comme l'inspiration.

LE COUCOU. — Je sais borner mon génie; je dis peu de choses, mais elles ont du poids, de l'ordre, et on les retient.

LE ROSSIGNOL. — Le génie n'a pas de bornes; il est toujours nouveau et toujours imprévu. J'enchante les forêts et le coucou les attriste. Il est si bien attaché à la leçon de sa mère qu'il n'oserait hasarder un ton inconnu à son trisaïeul. Moi, je ne connais point de maîtres, je me joue des règles. Quelle comparaison de sa fastidieuse méthode avec ma folle liberté !

(Le coucou voulait discuter, mais le rossignol se remit à chanter, car ce n'est pas à l'avril de l'amour et de la poésie qu'on s'amuse aux épines de la critique. Cependant, le coucou, qui était un peu normand, décida le rossignol à porter la cause devant un tribunal.)

SCÈNE II.

— Une prairie encadrée de saules et traversée par un ruisseau. —

LE COUCOU, LE ROSSIGNOL, L'ANE.

LE COUCOU. — Voyez-vous sous les saules cet âne grave et solennel. Depuis la création de l'espèce, nul n'a porté d'aussi longues oreilles. Or, puisque notre querelle est une affaire d'oreilles, voilà notre juge. Dieu le fit pour nous tout exprès.

LE ROSSIGNOL, *s'abattant devant l'âne.* — Je salue votre gravité et votre jugement.

LE COUCOU, *s'abattant à son tour sur l'herbe du pré.* — Je salue votre excellence et votre seigneurie.

L'ANE, *broutant.* — Bien obligé ! Prenez garde à vos ailes et à mon herbe.

LE COUCOU. — Nous venons à vous comme devant un juge

souverain. Décidez si le chant du rossignol l'emporte sur le chant du coucou.

L'ANE, *broutant toujours*. — Je ne tiens pas aujourd'hui mon lit de justice. J'ai faim, l'herbe est fraîche et je ne veux pas perdre un coup de dent. Si vous voulez à toute force mon jugement sur vos symphonies, allez m'attendre là-bas sous les saules. Après mon goûter, j'irai m'y reposer en vous écoutant.

LE ROSSIGNOL. — L'âne a raison; âne affamé n'a pas d'oreilles. Allons nous percher.

(Le coucou et le rossignol vont se percher sur les saules. — L'âne commence à prendre au sérieux sa mission; il brait. — Un silence.)

LE COUCOU. — Ne trouvez-vous pas que la cour se fait un peu attendre?

LE ROSSIGNOL. — Prenez patience; la voilà enfin qui vient de l'air et du pas d'un président à mortier traversant les salles du palais.

L'ANE, *se couchant sous les saules*. — Commencez. La cour digère et vous écoute; si elle ne vous entend pas, ce ne sera pas faute d'oreilles.

LE COUCOU. — Écoutez; il n'y a pas un mot à perdre de mes raisons; observez l'artifice et la méthode de mon chant (*battant de l'aile et se rengorgeant*): Coucou, coucoucou, coucou, coucoucou..

L'ANE. — Il n'y a rien à dire. C'est parfait de point en point. (*Un silence.* — *Il écoute le rossignol*). Qu'est-ce que j'entends là? C'est le vent qui passe dans les buissons de roses, c'est le ruisseau qui joue avec les cailloux, c'est la forêt qui chante ses amours. Quel galimatias! On ne m'a pas bercé de ces chansons-là. Comme c'est ravissant! mais je n'y comprends rien. Quelles modulations! quelles cadences! On dirait un collier de perles qui s'égrène. Me voilà emporté dans les airs. Je ne vois plus, je n'entends plus, je ne pense plus. A tout prendre, c'est de la folie. J'aime mieux le coucou; il est méthodique, et je suis, — MOI, — pour la méthode.

LE COUCOU, *victorieux*. —Eh bien ! rossignol, mon mignon, quand je vous disais...

LE ROSSIGNOL, *s'envolant*. — C'est vrai ; mais notre juge a les oreilles un peu longues.

L'âne, mes amis, c'est la vieille critique, — c'est *tout le monde*, ce vieil écolier soumis qui n'ose admirer ce qu'il n'a pas encore admiré ; c'est le dieu du connu, du visible, du fini ; c'est l'esprit antédiluvien ; c'est la raison des sept sages de la Grèce, dont vous ne voudriez pas signer une pensée.

Le coucou, c'est la vaine et pompeuse médiocrité qui fait des livres, des tableaux et des statues, sans choquer le bon sens, parce qu'elle ne fait ses livres qu'avec des livres imprimés, parce qu'elle ne peint ses tableaux qu'avec la règle, parce qu'elle ne taille son marbre qu'avec le compas.

Le rossignol, c'est le génie, — le génie paresseux et inquiet qui ne chante qu'en sa saison et à son heure, la nuit plutôt que le jour ; le génie qui chante quand il aime, qui répand comme des perles ses larmes de joie ou de douleur, qui chante selon la passion et selon la fantaisie. Hardi, insensé, profond, éblouissant, il n'a pas la méthode, lui ; il a l'inspiration !

Ne soyons pas l'âne en critique, ne soyons pas le coucou en peinture. Il y a bien assez longtemps que le monde confirme le jugement des ânes et le chant des coucous. Demandez au jury de peinture, qui se compose des uns et des autres.

Mais laissez en paix ce conseil des Dix tout vermoulu. Est-ce donc la peine de protester contre le sépulcre ! Ceux-là ne font pas de mal, puisqu'ils ne font pas l'opinion. Il y a un autre jury, c'est la critique, non pas la vieille, mais la nouvelle, celle qui se passionne pour le beau, pour le vrai, pour le contour, pour la couleur, pour ceux qui font la joie des yeux et de l'esprit, pour les amants de la ligne euphanorienne et de la palette rayonnante, pour Ingres et pour Delacroix.

Ne protestons donc plus contre le jury ; il n'y a plus d'autre jury que l'opinion ; contre l'Académie : il n'y a plus d'Acadé-

mie que l'opinion. J'allais oublier, que ce soir-là, chez Clésinger, nous avons, entre un paradoxe de Thoré et une théorie de
Diaz, nous avons constitué une Académie :

ARTICLE PREMIER.

Ne seront admis en l'enceinte sacrée de notre Académie que
ceux qui sont libres d'esprit et dont le cœur est enchaîné
dans toutes les vaillantes passions de la terre. En sont proscrits
tous les grands hommes de convention qui jurent par Aristote,
qui s'enchaînent dans la méthode, qui attachent leur génie à
l'auge et lui donnent du foin au lieu de le lâcher en pleine
montagne à travers l'arome des prairies et des forêts.

ARTICLE II.

Dès qu'un membre de notre Académie sera élu ailleurs, il ne
comptera plus parmi nous. On plantera un cyprès à sa place,
et, pour toute oraison funèbre, on dira : là fut un homme qui
n'est plus aujourd'hui qu'un membre de l'Institut.

ARTICLE III.

Les séances se tiendront à table une fois par mois. Après
souper on ne demandera à la gloire que la fumée du cigare.

ARTICLE IV.

On ne prononcera point de discours ; on parlera d'art, de
poésie et d'amour : sainte et radieuse trinité !

ARTICLE V.

On jurera par les dieux du génie, les grands artistes et les
grands poëtes : Phidias et Homère, Zeuxis et Théocrite, Michel-Ange et Dante, Léonard de Vinci et Pierre Corneille,
Raphaël et Molière, Corrége et La Fontaine, Titien et l'Arioste,
Rubens et Byron, Albert Dürer et Goëthe, Rembrand et Diderot, Prudhon et André Chénier.

ARTICLE VI.

On dira la vérité à tout le monde, même à soi-même.

Et ont signé tous les membres présents,

...

Pour copie conforme,

Le secrétaire très peu perpétuel :

...

Cette académie, créée sans préméditation, sans discours,
sans grammairiens et sans cardinal de Richelieu, est peut-être
impossible, parce qu'on ne dompte pas les cavales sauvages
dans le flux impétueux de leur jeunesse, quand elles n'aban-
donnent leur crinière touffue qu'au vent de la montagne, quand
elles permettent aux seuls oiseaux de la forêt de venir se poser
sur leur croupe vibrante. Mais cette académie n'est-elle pas
plus sérieuse que toutes les autres, où l'on arrive le plus souvent quand le cœur ne bat plus ? Descartes, Malebranche,
Molière, Jean-Jacques, Diderot, Béranger, Lamennais n'ont
jamais été de l'Académie, parce qu'ils n'ont jamais été vieux.
Il y a des hommes de génie qui sont du pays des Esquimaux ;
ils n'ont qu'un rayon dans leur vie, à peine ont ils vu le ciel
sourire qu'ils sont frappés par les neiges éternelles. Il y a des
hommes de génie, qui sont des rivages ioniens ; pour eux, le
soleil a toujours des rayons d'amour comme pour les pampres
du Pausilippe et les filles de Syracuse. Les académies ont été
bâties pour les Esquimaux du génie ; les autres se sont toujours contentés des voûtes du ciel, avec DIEU pour président,
et pour secrétaire perpétuel l'OUBLI.

10 février 1843.

IV.

Pour trouver le Beau dans l'Art, il faut savoir, comme Pro-méthée, dérober le feu du ciel; comme Ève, il faut mordre à la pomme fatale; comme la pécheresse de Samarie, il faut boire une goutte d'eau vive de l'amour de Dieu; comme Jésus-Christ, il faut avoir approché ses lèvres du calice amer. Le Beau, tel que nous le voulons aujourd'hui, c'est un autel d'or et de marbre sculpté par Phidias, d'où s'élève jus-qu'au ciel la flamme pure du divin sentiment; c'est la Vénus de Praxitèle versant les larmes de la Madeleine de Corrége. Le Beau, c'est le souvenir du ciel qui passe sur la créature humaine; c'est la vendangeuse qui s'incline sous le pampre avec un sourire de fête; c'est le héros tout couvert de sang qui pense à sa patrie. Le Beau est partout; les poëtes l'ont ren-contré à chaque pas, dans la fleur battue par l'orage, dans les roches moussues où jaillit la cascade, dans la mer sans bornes, dans la forêt profonde et ténébreuse. Homère l'a vu majes-tueux et grand comme Jupiter, Virgile l'a vu parfait comme Vénus, Eschyle l'a vu terrible comme une tempête sur l'Océan.

Le Beau, c'est le souvenir de celle que vous adoriez au ma-tin de la vie, à cet âge d'or où tous tant que nous sommes, enfants de Dieu, nous effeuillons sans y songer les fraîches primevères de la poésie. Cette jeune fille n'était pas belle de la souveraine Beauté; un statuaire n'aurait voulu ni de ses pieds ni de son sein pour représenter l'altière chasseresse aux flè-ches d'or, ni Vénus, reine de Chypre, couronnée de violettes; un peintre n'aurait trouvé dans cette jeune fille ni une vierge protégée par les anges, ni une pécheresse belle pour la pas-sion. Cependant, dans vos souvenirs irisés, vous la voyez appa-raître sous la couronne radieuse de la Beauté, élancée et svelte comme le jeune platane des forêts vierges, éclatante et fraîche comme l'arbre de Judée, quand les perles de rosée roulent sur

les fleurs aux premiers soleils d'avril. Vous admirez ses pieds
nus qui courent dans l'herbe, tout parfumés de thym et de
marjolaine. Vous dénouez ses longs cheveux, qui tombent à
ses pieds comme les branches ruisselantes du saule. Votre
bras s'enlace à sa hanche ondoyante comme le pampre à la
statue. Vos yeux rencontrent ses yeux, qui se mouillent d'une
larme, qui s'illuminent d'un rayon ; vous tombez à ses pieds
et vous saluez la Beauté. Oui, pour vous, cette jeune fille,
vue dans le prisme du passé, c'est la Beauté. Elle n'était que
l'ébauche ; vous lui avez donné, dans vos rêveries de vingt
ans, la grâce suprême, le contour exquis, le sentiment qui
brille dans le regard, la volupté qui agite les lèvres ; vous lui
avez donné tout ce qui est vie et splendeur, si vous êtes un
poëte ou un artiste, si vous devinez le ciel ou si vous vous en
souvenez, si Dieu vous a confié la mission d'achever ici-bas
son rêve commencé là-haut.

On demandait au Tasse : « Qu'est-ce que la poésie? »
Comme il était sur une montagne, il répondit en indiquant la
vallée et le ciel, le fleuve et le nuage, la forêt et le soleil, la
nature et Dieu : « La poésie, la voilà! » Si vous me demandez ce que c'est que le Beau, je vous conduirai sur la montagne, quand le soleil est à son couchant, quand le ciel se
dore et s'empourpre, quand l'abeille abandonne la fleur du
sainfoin pour retourner à la ruche, quand la moissonneuse
renoue ses cheveux sur la gerbe bruyante, à l'ombre du château où l'on voit apparaître comme un songe quelque figure
noble et pensive. Et, après vous avoir indiqué silencieuse-
ment toutes les splendeurs du ciel et de la terre, je vous ré-
pondrai : Le Beau, c'est la nature vue à travers la poésie.

V.

Je ne fermerai pas ce livre sans dire adieu à un ami.

Édouard Ourliac n'était plus des nôtres depuis longtemps. Ce charmant esprit trempé à la source vive de Le Sage et de Diderot, s'était laissé envahir par un illuminé qui s'est tourné vers Dieu, comme tant de cœurs mauvais, par haine du monde. Édouard Ourliac du moins était de bonne foi. S'il a levé les yeux au ciel, en sortant du bal de l'Opéra, après avoir dansé quelque incomparable cachucha, c'est qu'il a cherché Dieu au ciel. On peut dire qu'il a divisé sa vie en deux contrastes : il a commencé par une folle parade de la foire, il a fini par une oraison funèbre de Bossuet. Il a vécu comme un enfant prodigue de l'esprit, il est mort comme un saint. Celui qui avait caressé toutes les profanes visions des vingt ans, a appelé à trente-trois — l'âge où mourait son divin maître Jésus-Christ — des sœurs de charité à son lit funéraire.

La première fois que j'ai rencontré Édouard Ourliac, c'était durant le carnaval de 1835, au bal de l'Opéra-Comique. On faisait cercle pour le voir danser. Il avait imaginé de représenter en dansant Napoléon à toutes les périodes suprêmes de sa vie : aux Pyramides, à Waterloo, à Sainte-Hélène. Il menait en laisse une femme qui ressemblait à un mélancolique pastel de Landberg : une de ces femmes qui vivent le plus honnêtement possible en deçà du mariage et hors du célibat. Nous fûmes du même souper ; je m'aperçus que sous le danseur il y avait un poëte. Tout en débitant des bouffonneries pour l'agrément de la galerie, il ouvrait une échappée lumineuse dans cette forêt touffue des passions verdoyantes. Il me parla de Byron et de sainte Thérèse avec enthousiasme et avec onction. Il avait écrit deux romans de pacotille. C'était son désespoir. Il ne savait comment ra-

cheter ses premiers péchés littéraires. Il étudiait beaucoup
les philosophes, surtout les allemands. Il vivait avec son père
et sa mère rue Saint-Roch. Il habitait une petite chambre
bleue, si j'ai bonne mémoire, tapissée de quelques pastiches
de Watteau et de Boucher ; sa bibliothèque renfermait presque autant de pipes que d'in-octavo. On ne l'y voyait que le
soir ou le dimanche, car il était attelé à un petit emploi de
douze cents francs aux Enfants-Trouvés. Il avait beaucoup
de camarades et peu d'amis. Parmi ces derniers, Théophile
Gautier, Gérard de Nerval, Alphonse Esquiros, Camille Rogier, un antiquaire, un conservateur de l'École des Chartes
et un sculpteur qui est l'ami de tout le monde, excepté de
moi-même. Mais c'était dans notre poétique Bohême de l'im-
passe du Doyenné que nous vivions en familiarité pitto-
resque avec ce charmant esprit. A propos de Marilhat, Théophile a écrit cette page ou plutôt cette fresque de notre vie
à tous.

Édouard Ourliac venait tous les matins nous voir dans ce
royaume de la fantaisie. C'était son chemin pour aller aux
Enfants-Trouvés. La plupart du temps il nous trouvait encore
plongés dans le sommeil des paresseux et des poëtes, qui est
à tout prendre le vrai sommeil. Il nous éveillait souvent.
Chaque jour, il apportait des *Nouvelles à la main*... à sa main,
—où, Dieu merci ! il n'était jamais question de politique. Nous
ne connaissions alors du monde que le Musée du Louvre, les
poëtes du XVIe siècle, quelques rares contemporains, quelques contemporaines aussi : — bibliothèque indispensable à
des poëtes de vingt ans.

Nous n'avions pas d'argent, mais nous vivions en grands
seigneurs : nous donnions la comédie. Ces dames de l'Opéra
soupaient chez nous vaille que vaille et daignaient danser
pour nous à la fortune de leurs souliers. Camille Rogier avait
le tort de se croire à Constantinople. Aussi, quand il a quitté
cette Bohême invraisemblable, il n'a pu vivre qu'en Orient.
Édouard Ourliac surtout donnait la comédie. C'était le

Molière de la bande. Il était auteur et acteur avec la même verve et la même gaieté. A une de nos fêtes, ces dames le noyèrent, à plusieurs reprises, dans une avalanche de bouquets.

Tout finit! la Bohême se dispersa peu à peu. Gérard de Nerval, né voyageur comme Hugo est né sculpteur, comme Reboul de Nîmes est né boulanger, partit pour je ne sais où; Camille Rogier alla en Turquie. Notre propriétaire, désespéré d'avoir loué sa maison à des gens qui donnaient des fêtes sans avoir de rentes sur le grand livre, désespéré surtout des barbouillages de Marilhat, de Corot, de Nanteuil, de Roqueplan, de Wattier sur ses lambris vermoulus, avait hâte de nous voir tous loin de lui. C'était un brave homme qui voulait mourir riche, et qui, en conséquence, vivait pauvre. Il ne nous pardonnait pas notre logique, à nous qui vivions riches sauf à mourir pauvres.

Jusque-là, les plus poëtes de la bande n'avaient guère été que poëtes en action. On écrivait ses vers çà et là sur le coin d'une table, après souper, ou sur quelque joli *pupitre* à la Voltaire; mais on ne les imprimait pas. Théophile Gautier avait dans un coin les pages de la *Comédie de la Mort*. A peine si Charles Malo daignait les servir par fragments dans cette ténébreuse officine connue, dans les temps, sous le nom de la *France Littéraire*. Édouard Ourliac, qui ramassait alors quelques rimes tombées de son cœur, était heureux comme un enfant de les voir paraître dans un de ces livrets à gravures anglaises publiés par la dame veuve Janet. Alphonse Esquiros était le plus laborieux. Il était né pour souffrir toutes les douleurs de l'humanité, grosse de l'avenir, — cet enfant, déjà terrible, qui donne à sa mère tant de coups de pied dans le ventre. — Esquiros, qui s'était nourri de l'Évangile, avait, parmi nous, la gravité et la foi d'un apôtre. Gérard de Nerval était le plus célèbre. Il avait, à son aube poétique, disputé aux contemporains illustres un pan du manteau troué de la renommée.

Vers la fin de l'année Desessart publia, sous mon nom, une histoire panthéiste qui n'eut guère pour lecteurs que trois critiques qui devinrent mes amis. Desessart devint peu à peu l'éditeur de toute la Bohême, quoiqu'il fût saint-simonien et utilitaire. Esquiros me suivit dans la maison, Théophile suivit Esquiros, Gérard suivit Théophile ; enfin, Édouard Ourliac apporta *Suzanne*, une des plus vivantes créations de ce temps-ci. Desessart avait cela de beau, il faut le reconnaître, qu'il aimait ses romanciers, parce qu'il lisait leurs livres et non parce qu'il les vendait. Il donna assez d'argent à Ourliac pour le détourner de ses Enfants-Trouvés. Ourliac entra donc à pleines voiles dans les hasards de la vie littéraire. Ce ne fut pas, d'ailleurs, sans hésiter qu'il quitta la terre ferme. Nous nous rencontrâmes souvent à la *Revue de Paris*, où son humour et sa verve furent très applaudies. M. de Balzac avait écrit sur *Suzanne* toute une excellente critique comme on n'en fait plus. C'était là un titre sérieux pour Ourliac. Il avait beaucoup de respect pour l'esprit de Balzac, — pareillement pour l'esprit de Janin. — Il n'était pas d'ailleurs très sympathique. Il ne croyait guère à lui ni aux autres. En ses derniers jours, il ne trouvait plus d'éloquence et de style qu'à Bossuet ; il avait brûlé Diderot, non seulement comme athée, mais comme prosateur. C'est lui qui était impie de ne pas croire à Diderot.

Ce que c'est que de nous ! il s'était marié. Je ne suis pas allé à la cérémonie parce qu'à pareil jour la même cérémonie se faisait pour mon compte à Saint-Thomas-d'Aquin. Sa femme était belle et avait de l'esprit. Le lendemain des noces, comme il taillait sa plume, elle lui demanda ce qu'il allait faire : « — Mon métier, lui répondit-il. — Vous écrivez donc ? — Comment, vous ne le saviez pas ? — Non, dit-elle d'un air curieux. » O vanité de la plume ! Ourliac s'imaginait qu'on l'avait épousé pour sa renommée. Après tout, ne valait-il pas mieux qu'on l'eût épousé pour lui-même ?

Le mariage changea son point de vue dans la vie. Il devint

un homme sérieux, fier de ses devoirs, préoccupé des enfants
à venir. Du *Figaro* il était allé à la *Revue de Paris*, de la *Revue
de Paris* il alla à l'*Univers*; mais il laissa sur le seuil toute la
fleur et toute la gaieté de son esprit. Il avait encore çà et là,
mais pourquoi faire? des ressouvenirs de sa vie de vingt ans.
Je le voyais presque tous les jours. Il voulait me convertir à
ses conversions. Il s'était pour ainsi dire retiré du monde.
Il habitait bien plutôt un in-folio de Bossuet qu'une maison
vivante. Il aimait le labeur comme un devoir Il se levait
avant le jour et veillait souvent le soir. Il a dû laisser plus
d'un manuscrit et il a dû en brûler plus d'un.

Le pressentiment de la mort l'avait frappé depuis longtemps. Il s'était singulièrement affaibli dans le travail, dans
la prière et dans l'angoisse de laisser orphelins deux beaux
petits enfants qu'il adorait. On lui conseilla un ciel plus
doux : il partit pour l'Italie. Je l'ai rencontré à Pise, cette
ville des mourants et des tombeaux. Il était entré en familiarité funèbre avec les âmes du Campo-Santo; il ne sentait
déjà plus la terre sous ses pieds. C'était une ombre parmi les
vivants. L'Italie des amants et des artistes, il ne l'a pas
connue; il n'a vu le Dante que par la porte de l'*Enfer.* Comme
Jésus-Christ il disait : « Je suis triste jusqu'à la mort. » Et
en effet on n'a pas l'idée de la désolation imprimée sur cette
figure pâle, moqueuse, intelligente et bizarre, où il y avait de
l'homme de génie et du gamin de Paris.

Je l'ai revu aux Tuileries, peu de temps avant sa mort, au
dernier printemps. Il fuyait ses amis. Il me savait sympathique, il ne se détourna qu'à demi. J'allai à lui la main ouverte et l'âme dans les yeux. Il était plus triste encore qu'au
Campo-Santo. Nous parlâmes de l'Italie, de la Révolution,
de tout et de rien, un peu de ses petits enfants? Il me re-
garda et se détourna pour cacher deux larmes. Je compris
qu'il se voyait déjà dans la tombe où Dieu peut-être ne
donne pas sa lumière, pas même pour voir ceux qu'on a le
plus aimés. Le pauvre Ourliac, qui s'était tant amusé des

bourgeois qui vont à la Petite-Provence, allait chercher le
soleil, ce jour-là, à la Petite-Provence! Le soleil, ce dernier
amour de ceux qui s'en vont, comme s'ils voulaient emporter
quelques rayons dans la nuit éternelle.

La mort d'ailleurs ne l'effrayait pas. La foi embrasse la
mort avec une sorte de joie, disait Bacon. Ourliac avait la
foi. La tombe n'était pour lui que le point de départ d'un
beau voyage pour le pays entrevu par Platon. Oserai je dire
que l'extrême-onction fut pour Edouard Ourliac le sublime
coup de l'étrier.

Ce charmant esprit, si net, si vif, si simple, appartient à
la famille littéraire du xviiie siècle. Il n'a montré au seuil
du romantisme que son air railleur. Le conte de Voltaire, la
fantaisie de Diderot, le roman de Le Sage, voilà son berceau.
Il a eu beau adorer le génie de Bossuet, il n'a pu s'élever à
cette éloquence des tempêtes dont Dieu lui-même conduisait
le flux. Celui qui débute par la satire de Montaigne et le rire
de Rabelais, ne trouve pas plus tard assez d'onction dans son
cœur pour y baptiser la Muse chrétienne.

Édouard Ourliac est mort en juillet dernier. Déjà j'avais
vu partir en pleine jeunesse tout un groupe rayonnant de
rares intelligences. Comptons nos morts, comme disait un
ancien, comptons nos morts sur le champ de bataille de la
pensée, où si peu restent debout. Comptons nos morts chaque
fois que nous pourrons écrire pieusement, sur la terre fraîche
encore, comme je fais ici : *Ci-gît un homme qui eut des amis.*
Il s'appelait Édouard Ourliac.

Ar—11—ye.

CE VOLUME A ÉTÉ IMPRIMÉ
EN L'AN II DE LA RÉPUBLIQUE
AU MOIS D'AVRIL, QUAND LES POÈTES CROIENT ENCORE
AUX ROSES, AUX CHANSONS, A L'AMOUR ET A DIEU.

LIVRE I.

LES SENTIERS PERDUS.

A DIANE CHASSERESSE.

TABLE.

LIVRE II.

LA POÉSIE DANS LES BOIS.

LIVRE III.

FRESQUES ET BAS-RELIEFS.

PANTHÉISME.

VENISE.

POEMES ANTIQUES.

TABLE.

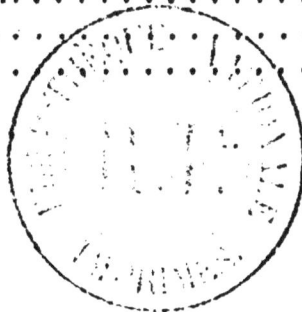

DE L'IMPRIMERIE DE GUSTAVE GRATIOT, 11, RUE DE LA MONNAIE.

www.ingramcontent.com/pod-product-compliance
Lightning Source LLC
Chambersburg PA
CBHW060131100426
42744CB00007B/745